Karl-Friedrich Schmidt

Wurst aus eigener Küche

Ein Leitfaden
für Hobbyköche und Grillfreunde

Mit 11 Abbildungen im Text
und auf 3 Farbtafeln

Verlag Paul Parey · Hamburg und Berlin

CIP-Kurztitelaufnahme der Deutschen Bibliothek

Schmidt, Karl-Friedrich
Wurst aus eigener Küche : e. Leitf. für
Hobbyköche u. Grillfreunde / Karl-Friedrich
Schmidt. – Hamburg, Berlin : Parey, 1980.
ISBN 3-490-19115-3

 Anschriften: Spitalerstraße 12, 2000 Hamburg 1; Lindenstraße 44–47, 1000 Berlin 61. Printed in Germany by Westholsteinische Verlagsdruckerei Boyens & Co., Heide/Holstein. Umschlaggestaltung: Jan Buchholz und Reni Hinsch, Hamburg, unter Verwendung eines Photos von Ursula Sonnenberg, Hamburg.

ISBN 3–490–19115–3

Vorwort

Lieber Wurstfreund!

Zunächst einmal herzlichen Glückwunsch. Mit dem Kauf dieses Ratgebers haben Sie eine Entscheidung getroffen, die sich schon in kürzester Zeit voll bezahlt macht, und dies in vielerlei Hinsicht. Wenn Sie am Anfang beispielsweise nur 3–4 kg Grill- oder Bratwurst herstellen, hat sich die Ausgabe für dieses Büchlein schon voll amortisiert – ist das nicht eindrucksvoll? Dieser Ratgeber möchte Ihnen auf einfache Art und Weise zeigen, wie Sie mit geringem Aufwand an Zeit und Geld die köstlichsten „Hausmacher Wurstspezialitäten" selbst herstellen können. Wo konnten Sie sich bisher über dieses interessante und überaus lohnende Hobby informieren? Für viele Bereiche des Haushalts und des täglichen Lebens gibt es bereits eine Vielzahl von Ratgebern, die dem etwas praktisch veranlagten Zeitgenossen wertvolle Tips und Anregungen vermitteln und letztlich eine Menge Geld sparen helfen. Über die Hobby-Wurstherstellung jedoch gibt es, abgesehen von ein paar Dosenwurstrezepten in einigen wenigen Einmachbüchern, keine geeigneten Bücher oder Ratgeber, die das Füllen der Wursthüllen mittels des in fast jedem Haushalt vorhandenen Fleischwolfs beschreiben. Haben Sie bisher etwas in dieser Richtung gefunden? Auch in Kochbüchern fehlen in der Regel Wurstrezepte vollkommen.

Zwar gibt es für die gewerbliche Wurstherstellung eine ganze Reihe hervorragender Fachbücher, die aber alle den Nachteil haben, daß sie zum einen für den Laien zu schwierig verfaßt, zum anderen zu teuer sind. Außerdem fehlen grundsätzlich auf den Haushalt abgestimmte kleine Rezepturen sowie die technischen Anleitungen, die für das erfolgreiche Betreiben dieses Hobbys unbedingt erforderlich sind.

Dem Gesetz der Not gehorchend, entstand dieser Ratgeber. Im Zeitalter der do-it-your-self-Welle und der Grillfeste soll er den Bereich der Wurstherstellung für alle interessierten Laien erschließen, zumal gerade heute der Wunsch nach deftiger Hausmannskost immer wieder geäußert wird. Neben der Möglichkeit, Grill- und andere Wurstsorten nach eigenem Geschmack zu würzen und damit eine individuelle Geschmacksrichtung zu erzielen, kann der Normalhaushalt bei Einkauf von preiswertem Fleisch 30 bis 50 % der Ausgaben für Wurstwaren einsparen. Es ist ja eine allgemein bekannte Tatsache, daß gerade Wurst- und Fleischwaren die Haushaltskasse am stärksten belasten. Neben diesem rein wirtschaftlichen Gesichtspunkt spielt jedoch die Freude an der selbst hergestellten und gelungenen Wurst eine entscheidende Rolle. Sie können die nach Ihren individuellen Wünschen entstandene Wurst „mit Vertrauen genießen" und sind schließlich auch bei eventuellen Krisenzeiten insgesamt unabhängiger, insbesondere durch die in dieser Anleitung mitberücksichtigte Konservenherstellung.

Stellen Sie sich darüber hinaus nur einmal vor, wie Sie von Ihren Freunden, Bekannten oder Nachbarn bewundert werden, wenn sie zum Beispiel bei Ihrer nächsten Grillparty ganz beiläufig feststellen, daß die von allen so hochgepriesene Grillwurst aus der eigenen „Wurstküche" stammt. Der Erfolg wird Ihnen sicher sein. Auch ich bin seit vielen Jahren ein begeisterter „Hobby-Wurstler", und ich bin sicher, daß Sie es in Kürze auch sein werden. Was Sie dazu tun müssen? Ganz einfach: Lesen Sie dieses Büchlein mit Interesse, und halten Sie sich exakt an die entsprechenden Rezepturen und Arbeitsanleitungen. Dann kann normalerweise nichts schiefgehen.

Dieser Ratgeber ist bewußt einfach und praxisnah geschrieben. Alle überflüssige Theorie fehlt. Er erhebt keinen Anspruch auf Vollständigkeit und die Beschreibung wissenschaftlicher Wurstherstellung. Dies würde den Rahmen eines Hobby-Ratgebers sprengen und wäre darüber hinaus nicht zweckdienlich. Wohl aber wird jeder Wurstfreund in die Lage versetzt, Wurst nach eigenem Geschmack produzieren zu können. Drei bis heute für den „Selbermacher" schwierige Probleme werden mit dieser Anleitung gelöst. Erstens werden kleine, auf den Privathaushalt abgestimmte Rezepte geliefert, zweitens ist jetzt das Stopfen der verschiedenen Wursthüllen mit den meisten haushaltsüblichen Fleischwölfen möglich, und schließlich wird jedem Interessenten gesagt, wo er die benötigten Hobby-Artikel erhält.

Von einem bin ich überzeugt: Wenn Sie Ihre erste „Hobby-Wurst" aus der eigenen „Wurstküche" genießen, wird Sie meine Idee, die Wurstherstellung als neues Hobby zu erschließen, ganz gewiß überzeugen. Viel Spaß an Ihrem appetitlichen Hobby wünscht Ihnen

Calw-Altburg, im Frühjahr 1980 Karl Friedrich Schmidt

Inhalt

Hier geht's um die Wurst

Kleine Wurstologie

„Mir ist alles Wurst" oder: „Jetzt geht's um die Wurst", manchmal auch: „Du bekommst keine Extrawurst" – solche Aussprüche hören wir fast jeden Tag. Hieran wird deutlich, welche Bedeutung die Wurst in unserer Eßkultur hat. In der Tat können wir uns einen wurstfreien Tag kaum vorstellen. Meist beginnt der Wurstgenuß schon beim Frühstück, setzt sich beim Vesper in der Morgenpause fort und endet beim Abendbrot. Auch in diesem Buch ist sie der Star, um den sich alles dreht. Es geht hier im wahrsten Sinne des Wortes um die Wurst und nicht nur im Übertragenen.

Ein kleiner historischer Rückblick möge zeigen, welche Bedeutung die Wurst schon vor Jahrtausenden hatte. So ist beispielsweise einigermaßen gesichert, daß die Wurst schon im alten China bekannt gewesen ist. Auch die Babylonier hatten verschiedene Wurstsorten zur Bereicherung ihres Speisenzettels. Nach alten Überlieferungen war es dann ein Grieche, der die Idee hatte, die damals bekannte Blutsuppe (Schweineblut, Speck, Zwiebeln und Gewürze) in Därme zu füllen. Dies war die Geburtsstunde der noch heute hergestellten Blutwurst. Nach wieder anderen Berichten wurde im alten Sparta die Wurst in den Speisesälen aufgehängt. Zur Essenszeit schnappte man dann nach diesen Würsten und verzehrte sie mit Hochgenuß.

Neben der Bedeutung für unsere heutige Eßkultur spielt die Wurst auch eine volkswirtschaftlich wichtige Rolle. Deutschland steht, was die Zahl der Wurstsorten betrifft, international an der Spitze. Es werden hier rund 1500 verschiedene Wurstsorten hergestellt, von denen viele Weltruf genießen. Man denke z. B. nur an „Frankfurter Würstchen", „Münch'ner Weißwurst", „Nürnberger Bratwurst" usw. Im Jahr 1978 aß jeder Bundesbürger durchschnittlich 27 kg Wurst. Die Deutschen haben damit wieder einen Weltrekord aufgestellt; sie liegen jetzt vor den Belgiern und Dänen.

Diese kleine Wurstologie soll nicht abgeschlossen werden, ohne auf die „längste Wurst der Welt" zu verweisen, die in der bezaubernden Schwarzwaldstadt Calw anläßlich der 900-Jahr-Feier am 6. September 1975 hergestellt wurde. Sie hatte eine Länge von sage und schreibe 1138,44 Meter. Noch heute erinnert eine Bronzetafel an dieses einmalige Wurstspektakel, das übrigens notariell beglaubigt wurde. Falls Sie einmal nach Calw kommen und sich diese „Ehrwürdige Tafel" anschauen möchten, brauchen Sie nur in der Lederstraße das Gasthaus „Zur Kanne" aufzusuchen. Links neben der Eingangstür wartet sie auf interessierte Wurstologen.

Was sind eigentlich Würste?

Würste sind zubereitete Gemenge, die überwiegend aus zerkleinerten, zum menschlichen Genuß geeigneten Teilen vom Schwein, Rind, Kalb, seltener von Geflügel und Wild bestehen, denen evtl. Wasser (Eis), Milch, Alkohol, aber immer Salz und Gewürze zugegeben werden. Durch eine wechselnde mengenmäßige Zusammensetzung der unterschiedlichen Bestandteile und ein jeweils anderes Herstellungsverfahren, erhalten wir das uns aus dem Fleischerladen bekannte, riesengroße Wurstsortiment, das uns auf der ganzen Welt den Ruf als „Mutterland der Wurstherstellung" eingebracht hat.

Für die gewerbliche Wurstproduktion gelten in der Bundesrepublik Deutschland eine Vielzahl gesetzlicher Vorschriften, die u. a. Eiweißgehalte, Fettgehaltstufen, Wurstbezeichnungen und hygienische Fragen regeln. Von diesen Vorschriften bleibt jeder „Hobby-Wurstmacher" verschont, solange er die Wurst nicht verkaufen will. Welcher Wurstfreund möchte das schon? Wichtig ist für den Laien nur, daß er sich bei der häuslichen Wurstherstellung um größtmögliche Sauberkeit bemüht. Beim Kapitel Fleischverderb ist Näheres über diesen sehr wichtigen Punkt zu lesen.

Wie werden die Würste eingeteilt?

Alle vorkommenden Wurstsorten und natürlich auch die aus der Hobby-Küche, werden in drei große Gruppen eingeteilt. Es sind dies die:

1. Rohwürste (Dauerwürste)
2. Brühwürste
3. Kochwürste

Was genau ist unter diesen Gruppenbezeichnungen zu verstehen?

1. Rohwürste (Dauerwürste)

Roh- oder Dauerwürste werden hergestellt aus rohem Fleisch- und Speckmaterial, das keiner Hitzebehandlung unterzogen wird. Genußfertig werden diese Würste durch einen Reifungs- und Trocknungsprozeß, bei dem komplizierte biochemische und physikalische Vorgänge ablaufen. Diese geben der Wurst dann das Aussehen, den arteigenen Geschmack und die Haltbarkeit. Rohwürste sind von allen Würsten die Haltbarsten. Diese Haltbarkeit wird durch den relativ hohen Wasserverlust beim Reifungs- und Trocknungsprozeß, die Verwendung von Pökelsalz und durch den Einsatz relativ trockenen Fleisches älterer Schlachttiere erreicht. Schließlich ist bei dieser Wurstgruppe die sogenannte Kalträucherung üblich, die ausgezeichnete konservierende Eigenschaften hat.

Zu den Rohwürsten gehören alle Salami- und Cervelatsorten, Landjäger, Rohpolnische, sämtliche Mett- und Teewürste sowie alle übrigen Wurstsorten, die keiner Hitzebehandlung unterzogen werden. Rohwürste können ihrerseits nochmals unterteilt werden in streichfähige und in schnittfeste Sorten. Streichfähige wären z. B. Teewürste und die meisten Mettwürste, schnittfeste alle Salami- und Cervelatsorten. Grill- und Bratwürste zählen, solange sie nicht gebrüht oder sonstwie hitzebehandelt sind, ebenfalls zu den Rohwürsten. Für die Hobby-Wurstherstellung kommt die Rohwurstherstellung, mit Ausnahme der Grill- und Bratwurstproduktion, aus Sicherheitsgründen nur in der kalten Jahreszeit in Frage, da die Temperaturen während der übrigen Jahreszeit für ein sicheres Gelingen dieser Würste zu hoch liegen. Einzelheiten über die häusliche Rohwurstherstellung werden beim Kapitel Rohwurst gegeben.

2. Brühwürste

Brühwürste werden wie die Rohwürste ebenfalls aus rohem Material gefertigt. Sie erfahren aber im Gegensatz zu diesen nach dem Füllen eine Hitzebehandlung. Durch dieses Brühen oder auch Garziehen bei bestimmten Temperaturen gerinnen die bei der Fleischzerkleinerung im Fleischwolf freigelegten Eiweiße. Durch diese Eiweißgerinnung erhalten die Brühwürste ihr Gerüst und damit die Schnittfestigkeit. Brühwürste werden heute noch in manchen Betrieben vor dem Brühvorgang einer Heißräucherung unterzogen. Dies erfolgt meist aus geschmacklichen Gründen. Die Mehrzahl der wurstherstellenden Gewerbebetriebe geht aber mehr und mehr dazu über, das Brühwurstbrät (Wurstmasse) in gefärbte Wursthüllen zu stopfen. In diesem Fall werden die Würste nicht geräuchert. Der Wurstfreund verfährt zweckmäßigerweise so, daß er die Wurstmasse auch in bereits gefärbte Hüllen stopft und ohne Räucherung gleich brüht. Möchte er jedoch nicht auf das von manchen geschätzte Raucharoma verzichten, so kann er die Wurstmasse auch in rauchdurchlässige Brühwurst- bzw. Rohwursthüllen stopfen. Die Würste werden anschließend nach einer kurzen Abtrocknungszeit von 2 Stunden im Warmrauch ungefähr 2 Stunden bei 40–50° C geräuchert. An das Räuchern, über das Sie beim entsprechenden Kapitel Genaueres nachlesen können, schließt sich jetzt das Brühen an. Die Brühtechnik wird bei den allgemeinen Hinweisen zur Brühwurstherstellung näher beschrieben.

Bekannte Brühwurstsorten sind z. B. Schinkenwurst, Bierschinken, Krakauer, Jagdwurst, Lyoner, Fleischwurst, Gelbwurst, Knackwurst, Wienerle und Mortadella. Auch die Brühwürste können wieder unterteilt werden, und zwar in Sorten mit rotem Anschnitt (Spiegel) und in Sorten mit weißem Spiegel. Sorten mit rotem Anschnitt sind beispielsweise Schinkenwurst und Bierschinken, eine bekannte Wurstsorte mit weißem Anschnitt wäre die Gelbwurst. Alle Brühwürste mit rotem Anschnitt werden mit Pökelsalz, solche mit weißem Anschnitt mit normalem Speisesalz gefertigt. Eine Unterscheidung in frische, einfach und doppelt geräucherte Sorten ist möglich.

3. Kochwürste

Diese Wurstgruppe wird hergestellt aus teilweise oder ganz vorgekochtem Material (Muskelfleisch, Fettgewebe und Innereien). Genußfertig werden Kochwürste durch Einlegen in schwach kochendes Wasser, dessen Temperatur langsam auf 80° C zurückgeht, um dann während der ganzen Garungsdauer diese Temperatur beizubehalten. Wie die Brühwürste erhalten auch Kochwürste durch diese Hitzebehandlung ihre Bindung. Daneben erfolgt auch eine Abtötung von nicht erwünschten Bakterien, die eventuell bei der Herstellung mit in das Wurstgut gelangten. Kochwürste teilt man ein in Leberwürste, Blut- oder Rotwürste und Sulzwürste. Die Bezeichnung Leberwurst resultiert aus dem immer vorhandenen höheren oder niedrigeren Leberanteil dieser Wurstsorte. Meist handelt es sich um Schweineleber, seltener um Rinder- oder Kalbsleber.

Die Blut- oder Rotwürste sind charakterisiert durch den relativ hohen Blutanteil. Die Sulzwürste verdanken ihre Namensnennung der Sülze, einer durchsichtigen elastischen Masse, die ihre Schnittfestigkeit in der Hauptsache durch geronnenes, kollagenes Eiweiß erhält. Von den Kochwürsten werden insbesondere die Blut- und Leberwürste nach dem Brühen und einer kurzen Abtrocknungszeit zwecks Geschmacksverbesserung und besserer Haltbarkeit noch einige Tage im Kaltrauch geräuchert. Dies setzt natürlich voraus, daß die Wurstmassen in poröse, rauchdurchlässige Wursthüllen abgefüllt werden. Kann oder soll nicht geräuchert werden, so kann man auch in Sterilhüllen abfüllen. Die Würste halten dann auch ungeräuchert einige Zeit im Kühlschrank. Die Kochwurstherstellung, als Spezialzweig der Wurstherstellung, ist eine besonders lohnende Sache, da hier sehr preiswerte Materialien verarbeitet werden können.

Einzelheiten der Kochwurstherstellung sind bei den allgemeinen Hinweisen im betreffenden Abschnitt angegeben.

Das Fleisch, aus dem die Würste sind

Ein bißchen Fleischkunde – leicht verdaulich

Der wichtigste Rohstoff für das Wursthobby ist das Fleisch von verschiedenen Schlachttieren. Es stammt in der Hauptsache von Schwein und Rind, seltener von Kalb, Geflügel und Wild. Da die Würste aus der Hobbyküche zu rund 95 % aus einem Fleisch-Speck-Gemisch bestehen, ist es sicher angebracht, einige Bemerkungen über diesen wertvollen Grundstoff zu machen. Fleisch hat ungefähr folgende stoffliche Zusammensetzung:

20 % Eiweiß
4–45 % Fett (je nach Teilstück)
1 % Mineralstoffe
1 % Kohlenhydrate, Vitamine und organische Säuren
Der Rest besteht aus Wasser

Der Spruch: „Fleisch ist ein Stück Lebenskraft" hat also seine Berechtigung. Nicht zuletzt deshalb, weil gerade das Fleischeiweiß ernährungsphysiologisch hochwertig ist. Es kann vom menschlichen Organismus sehr gut zu körpereigenem Eiweiß umgebaut werden. Der Grund hierfür liegt im hohen Gehalt des Fleisches an essentiellen, also lebensnotwendigen Aminosäuren. Neben der herausragenden Bedeutung des tierischen Eiweißes für die menschliche Ernährung ist das Fett als Energiespender und Geschmacksverbesserer zu erwähnen. Eine Wurst ohne einen bestimmten Fettgehalt wäre geschmacklich nicht vollkommen. Dies liegt daran, daß gerade im Fett besonders viele Aromastoffe lokalisiert sind. Auch wird die Wurst durch das Fett zarter.

An Mineralstoffen enthält das Fleisch vorwiegend Natrium, Kalium, Kalzium, Phosphor und Eisen. Von den Vitaminen spielen hauptsächlich die Vitamine der B-Gruppe eine Rolle. In den Lebern der Schlachttiere ist relativ viel Vitamin A enthalten. Eine genaue Übersicht über die Zusammensetzung der verschiedenen Fleisch- und Wurstsorten ermöglicht nachstehende Nährwerttabelle.

Die Verdaulichkeit des Fleisches ist sehr unterschiedlich. Sie ist abhängig von der Tierart, dem Alter des Tieres, vom Reifezustand des Fleisches und vom Fettgehalt. Allgemein gilt, daß das Fleisch jüngerer Tiere leichter verdaulich ist als das älterer. Fettreiches Fleisch ist immer schwerer verdaulich als mageres.

Die Fleischqualität kann sehr schwanken. Sie ist abhängig von der Rasse, Fütterung, Haltung und dem Geschlecht des Schlachttieres. Erfahrene Fleischer behaupten sogar, daß jedes Tier eine andere Fleischstruktur besitzt. Diese wirkt sich dann bei der Verarbeitung des Fleisches zu Wurst entsprechend positiv oder negativ aus. Der Hobby-Fleischer verarbeitet zum größeren Teil Schweinefleisch. Schweinefleisch hat den Vorteil, daß es wesentlich billiger als Rindfleisch ist. Schweinefleisch, das heute in den Geschäften angeboten wird, stammt zum allergrößten Teil von schnell ausgemästeten Fleischschweinen, die im Alter von 4–5 Monaten geschlachtet werden. Fleisch dieser Tiere ist saftig und zart, da sie sehr jung zum Schlachten kommen. Für die Hobby-Wurstherstellung kann dieses Fleisch für die meisten Sorten verwendet werden. Für Grill- oder Bratwürste sowie für alle Brühwürste ist es geradezu ideal, da es viel gut bindendes Eiweiß enthält, das der Wurst dann die gewünschte Bindung verleiht.

Für die häusliche Rohwurstherstellung mit Naturreifung benötigt man, von wenigen Sorten abgesehen, unbedingt Fleisch von älteren Schlachtschweinen. Alte Muttersauen und verschnittene Zuchteber sind als Fleischlieferanten für die Rohwurstfertigung das Richtige, weil dieses Fleisch insgesamt trockener und grobfaseriger ist. Außerdem enthält es mehr Säure, die dann bei der längeren Lagerung der Rohwurst einen konservierenden Einfluß ausübt.

Und jetzt zum Rindfleisch. Rindfleisch kann von Färsen, Jungochsen, Mastochsen, Jungbullen, Bullen und Kühen stammen. Was genau ist unter diesen Tierbezeichnungen zu verstehen? Färsen sind junge, weibliche Rinder, die noch nicht gekalbt haben. Sie liefern kräftig rotes und feinfaseriges Fleisch mit zarter Fettaderung (Marmorierung). Fleisch von Färsen ist sehr saftig und zart. Jungochsen sind kastrierte, männliche Tiere. Ihr Fleisch ist rot, feinfaserig und mit hellen Fettadern durchzogen. Das Fleisch von Jungochsen ist kräftig und saftig. Mastochsen sind ebenfalls kastrierte und auf höheres Gewicht gemästete Tiere. Das Fleisch ist mittel- bis braunrot und mit starken, hellen Fettadern durchsetzt. Die Fleischfaser ist mittelfein, das Fleisch ist fest, saftig und hat einen sehr kräftigen Geschmack.

Jungbullen sind männliche, unkastrierte Tiere. Ihr Fleisch hat ein hellrotes Aussehen, die Fettmarmorierung fehlt, die Fleischfaser ist wie bei

Nährwerttabelle

Der genießbare Teil von 100 g eingekaufter Ware enthält:

Fleisch und Fleischerzeugnisse	Proteine (Eiweiß)	Fett	Kohlenhydrate	Energie Kalorien	Energie Joule	Mineralstoffe Natrium	Mineralstoffe Kalium	Mineralstoffe Calcium	Mineralstoffe Phosphor	Mineralstoffe Eisen	Vitamine A	Vitamine B_1	Vitamine B_2	Vitamine Niacin
	g	g	g	kcal	kJ	mg	mg	mg	mg	mg	µg	mg	mg	mg
Schweinefleisch, mager	19	7	.	143	600	.	345	8	150	2,0	.	0,70	0,15	3,5
Schweinefleisch, mittelfett	18	21	.	269	1125	.	300	8	150	2,0	.	0,70	0,15	3,5
Schweinefleisch, fett	10	37	.	389	1630	70	260	7	140	1,4	.	0,70	0,10	2,5
Rindfleisch, mager	15	11	.	173	725	45	275	9	140	2,1	.	0,05	0,15	4,0
Rindfleisch, mittelfett	15	18	.	238	995	75	275	8	125	2,4	10	0,05	0,15	4,0
Rindfleisch, fett	14	24	.	293	1225	85	300	8	140	2,1	.	0,05	0,15	3,5
Kalbfleisch, mittelfett	16	3	.	93	390	75	260	10	160	1,7	.	0,10	0,20	5,0
Hammelfleisch (Schaffleisch), mittelfett	13	20	.	246	1030	75	265	7	135	1,8	+	0,10	0,10	3,0
Herz (Rind, Kalb)	12	4	1	101	425	80	205	10	155	3,5	24	0,40	0,75	5,5
Hirn (Kalb)	10	7	1	115	480	150	260	12	340	2,4	.	0,20	0,25	3,5
Leber (Kalb)	18	4	4	137	575	80	285	4	300	10,2	4000	0,25	2,45	16,5
Leber (Rind)	18	3	6	131	550	110	270	7	335	6,6	7760	0,30	2,70	13,5
Leber (Schwein)	19	5	1	137	575	70	325	9	335	20,6	3290	0,30	2,95	14,5
Niere (Kalb)	15	6	1	121	505	175	255	9	230	10,1	185	0,35	2,20	5,5
Zunge (Rind)	12	12	+	167	700	75	190	7	170	2,2	+	0,10	0,20	3,5
Hackfleisch (halb und halb)	20	19	.	253	1060	35	290	8	135	2,2	5	0,40	0,15	4,0
Schinken, geräuchert, roh	16	29	.	344	1440	2200	215	9	180	2,0	+	0,50	0,20	3,0
Schinken, gekocht	19	20	.	274	1145	850	340	10	155	2,4	+	0,50	0,25	3,5
Speck, fett	2	80	.	770	3220	385	15	5	120	0,4	+	0,10	0,05	0,5
Speck, durchwachsen	8	60	.	605	2530	1630	205	85	100	0,7	+	0,40	0,15	2,0
Blutwurst	14	44	.	463	1940	.	35	10	160	2,0	.	.	.	.
Bratwurst	12	35	.	375	1570	.	140	5	.	1,0	.	0,40	0,10	2,0
Fleischwurst	11	30	.	324	1355	.	195	9	165	2,5	.	0,20	0,25	2,5
Leberkäse	13	23	+	271	1135	600	300	4	.	.	.	0,05	0,15	2,5
Leberwurst	12	40	1	440	1840	795	140	40	150	5,2	1430	0,20	0,90	3,5
Leberwurst, mager	17	21	2	268	1120	.	140	9	240	5,5	1725	0,15	1,10	4,5
Mettwurst (Braunschweiger)	12	51	.	530	2220	1070	210	13	(155)	(1,6)	.	(0,20)	(0,15)	(2,5)
Mortadella	12	32	+	360	1505	655	205	40	.	.	+	0,10	0,15	3,0
Salami	17	47	+	[illegible]	[illegible]	1185	285	[illegible]	.	.	+	[illegible]	[illegible]	[illegible]

Schwartenmagen	15	20	.	248	1040	.	260	10	160	2,0	.	0,03	0,10	1,0
Zervelatwurst	17	41	.	454	1900	.	185	20	110	1,5	.	.	.	.
Dosenwürstchen	13	20	.	239	1000	710	165	10	185	2,7	.	0,03	0,10	3,0
Frankfurter Würstchen	13	21	+	250	1045	780	180	8	105	1,8	+	0,20	0,20	2,5
Kasseler Rippchen	15	22	+	272	1140	795	270	5	135	2,1	+	.	.	.
Corned beef, deutsch	22	6	.	153	640	830	130	35	.	.	.	0,03	0,10	3,0

Zeichenerklärung:
1 g = 1 Gramm
1 mg = 1 Milligrammm = 1/1000 g
1 µg = 1 Mikrogramm = 1/1000 mg
1 kcal = 1 Kilocalorie = 4,184 Kilojoule (kJ)
1 kJ = 1 Kilojoule = 0,239 Kilocalorie (kcal)

\+ = Nährstoff ist nur in Spuren enthalten
. = Es liegen keine genauen Analysen vor
() = Analysenwerte sind unsicher

Quelle: „Kleine Nährwerttabelle der DGE", 26. Auflage 1976, Umschau Verlag, Frankfurt a. M.

Mastochsen mittelfein. Fleisch von Jungbullen ist mager und im Vergleich zu den bisher vorgestellten Fleischarten etwas trockener. Bullen und Kühe liefern dunkelrotes Fleisch mit einer gröberen Fleischfaser. Die Fettadern und Fettränder haben ein mittel- bis dunkelgelbes Aussehen. Fleisch von Bullen und Kühen ist verhältnismäßig zäh und auch, vor allem bei Kühen, wesentlich trokkener.

Auch das Kalb als besonders geschätztes Schlachttier gehört zur Gattung Rind. Kalbfleisch ist von größter Zartheit, in der Farbe fast weiß bis hellrosa, feinfaserig und annähernd fettfrei. Es wird von Tieren beiderlei Geschlechts geliefert, die im Alter von 4–12 Wochen als Mastkälber geschlachtet werden. Kalbfleisch ist sehr leicht verdaulich und wegen seiner Zartheit sehr beliebt und daher am teuersten. Für die Wurstherstellung spielt es eine untergeordnete Rolle.

Bei allen in diesem Buch beschriebenen Wurstsorten, mit Ausnahme der meisten Roh- oder Dauerwurstsorten, kann Färsen-, Jungochsen-, Mastochsen-, Jungbullen- und Kalbfleisch Verwendung finden. Auch hier gilt, je jünger das Fleisch, desto besser die Bindung bei Grill- bzw. Bratwurst, Brühwurst und Kochwurst. Für Rohwurst ist aber der Einsatz von Kuhfleisch unbedingt nötig. Nur ältere Rinder ergeben trockenes Fleisch mit wenig Wassergehalt und genügend konservierender Säure.

Wenn Sie sich die unterschiedlichen Erkennungsmerkmale des Schlachtfleisches etwas einprägen, kann Ihnen nicht ohne weiteres ein X für ein U vorgemacht werden. Sobald das zuständige Verkaufspersonal merkt, daß Sie die wichtigsten Unterscheidungsmerkmale kennen, werden Sie besonders gut bedient! Diese kleine „Fleischologie" hat sich dann bestimmt gelohnt.

Ein kluger Mann verehrt das Schwein, er denkt an dessen Zweck,
von außen ist es ja nicht fein, doch drinnen sitzt der Speck
Wilhelm Busch

Tips zum Fleischeinkauf

Wenn Sie in Kürze in die ,,Wurstproduktion" einsteigen möchten, ist zuvor der erste wichtige Schritt zu tun – der Fleischeinkauf. Wie geht man dabei am besten vor? Für den Einkauf von Fleisch gibt es nämlich einige goldene Regeln, deren Beachtung sich in klingender Münze auszahlt:

1. *Erst informieren, dann kaufen,*
2. *Marktberichte und Preisspiegel vor allem in Lokalzeitungen verfolgen,*
3. *auf günstige Sonderangebote achten, deren Preise bis zu 50 % unter den normal üblichen liegen können (Wurst aus solchem Fleisch ist halb geschenkt),*
4. *genau überlegen, welche Wurst und wieviel gemacht werden soll. Dann erst Fleisch und Speck kaufen.*

Angenommen, Sie haben sich entschlossen, für die bevorstehende Grillparty eine deftige Rostbratwurst zu produzieren. Für diesen Fall brauchen Sie bei 1 kg Wurstmasse 300 g mageres Rindfleisch, 500 g mageres Schweinefleisch und 200 g sehr fetten Schweinebauch oder Speck. Haben Sie im Geschäft das Fleisch Ihrer Wahl gefunden, so wird das zuständige Verkaufspersonal in der Regel gerne bereit sein, das Magerfleisch und den Speck durch die gewünschte Lochscheibe des Fleischwolfes zu drehen. Für alle Grill- oder Bratwürste genügt zur Not bei Rezepten mit nicht mehr als 150 g Speck die in jedem Verkaufswolf vorhandene normale Hackfleischscheibe. Sie hat eine Bohrung von 3 mm. Jetzt brauchen Sie zu Hause das gehackte Fleisch-Speck-Gemisch nur noch zu würzen, dann zu mischen und nach Vorschrift mittels Ihres eigenen Fleischwolfs in entsprechende Wursthüllen abzufüllen. Die Grillwurst ist fertig, und die Party kann steigen! Möchten Sie jedoch mittelgrobe oder gar grobe Grill- bzw. Bratwurst herstellen, muß das Fleisch durch die 4,5-mm- bzw. 8-mm-Scheibe des Fleischwolfs gedreht werden. In vielen Fällen wird das Verkaufspersonal diesen Extrawunsch erfüllen. Auch wenn Sie Brühwurst machen möchten, ist diese Verfahrensweise aus arbeitswirtschaftlichen Gründen zu empfehlen. Wird das Fleisch-Fett-Material gleich im Geschäft durchgedreht, wird der eigene Fleischwolf geschont und darüber hinaus noch Zeit gespart. Natürlich kann es auch Fälle geben, in denen die speziell benötigte Lochscheibe im Moment nicht greifbar ist. In diesem Fall können Sie dann zu Hause das Fleisch immer noch durch die passende Lochscheibe treiben.

Wollen Sie einmal eine größere Wurstmenge produzieren, weil Sie vielleicht eine supergroße Grillparty ausrichten oder mit Freunden oder Bekannten gemeinsam „wursteln" möchten, so kann es auch durchaus lohnend sein, einen ganzen Schweinebug, Bauch oder Schlegel zu kaufen. Diese Teile werden auf Wunsch ohne Mehrpreis fachgerecht zerlegt, so daß Fleisch und Speck getrennt vorliegen. Bei Wunsch wird auch dieses Fleisch kostenlos gehackt.

Schlachttiereübersicht – Teilstückebezeichnungen

Schwein

1. Kopf mit Backe
2. Kamm (Hals)
3. Kotelettstück (Karree)
4. Schlegel (Schinken)
5. Schulter (Bug)
6. Bauch (Wamme)
7. Vordereisbein (Haxe)
8. Hintereisbein (Haxe)
9. Füße

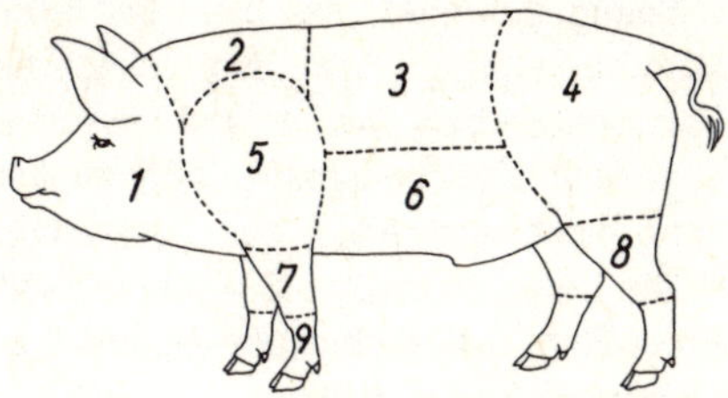

Rind

1. Kopf
2. Hals
3. Kamm
4. Hochrippe
   (hohes Roastbeef)
5. Flachrippe
   (flaches Roastbeef)
6. Hüfte
7. Wamme
8. Blattrippe
9. Lappen
10. Schulter (Bug)
11. Keule (Schlegel)
12. Brust
13. Vorderhesse
14. Hinterhesse
15. Füße

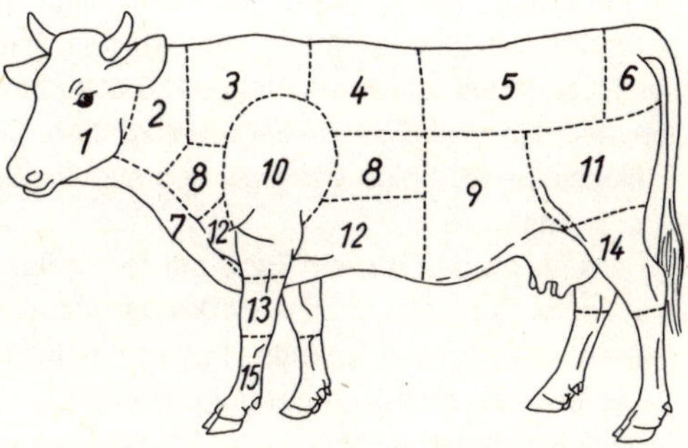

Kalb

1. Kopf
2. Hals
3. Kotelettstück
4. Sattelstück
5. Keule
6. Brust
7. Schulter (Bug)
8. Flanke
9., 10. Haxe
11. Füße

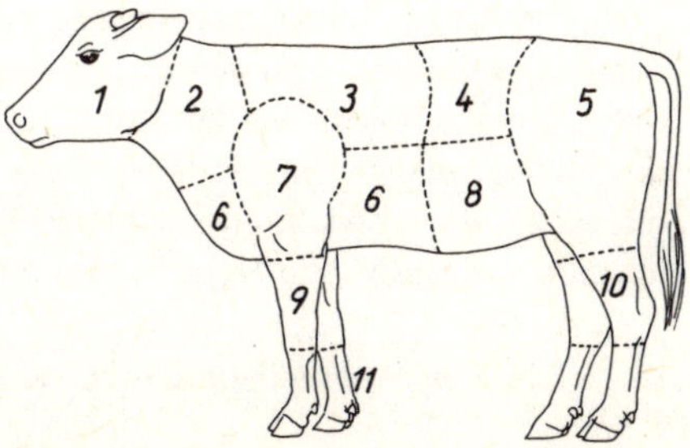

Fleischverderb – Ursachen – Gefahren – Hygienevorschriften

Fleisch ist, wie auch andere tierische Produkte, sehr leicht verderblich. Die Ursachen hierfür liegen in der Tatsache, daß Fleisch für Bakterien bzw. Mikroorganismen den idealen Nährboden liefert. Besonders gehacktes, also durch den Fleischwolf gedrehtes Fleisch, hat eine wesentlich vergrößerte Oberfläche. Fleischzellen werden beim Hackprozeß zerstört, und das Fleischwasser sowie andere Fleischinhaltsstoffe können austreten. Die Bakterien finden alles vor, was sie für ihre Entwicklung brauchen. Bei nicht ausreichender Kühlung kann in wenigen Stunden eine starke Bakterienentwicklung auftreten, die das Hackfleisch binnen weniger Stunden zum Verderben bringt. Von den schädlichen Bakterien sind besonders die Salmonellen bzw. Wurst- und Fleischvergifter sehr gefährlich. Der Genuß von nicht vorschriftsmäßig behandeltem oder verdorbenem Hackfleisch kann in schweren Fällen zum Tode führen. Aber auch in weniger schlimmen Fällen treten beim Genuß nicht einwandfreien Hackfleischs leicht Übelkeit, Erbrechen, evtl. Fieber und Durchfall auf, die das Allgemeinbefinden des Menschen beeinträchtigen.

Für alle gewerblichen Betriebe, die Hackfleisch herstellen, bearbeiten oder verarbeiten bzw. verkaufen, gilt die Hackfleischverordnung. Sie trat am 10. Mai 1976 neu in Kraft, nachdem einige Änderungen bei der bisher geltenden Fassung vorgenommen wurden. Sie hat das Ziel, die menschliche Gesundheit vor den Gefahren zu schützen, die von nicht sachgerecht behandeltem Hackfleisch ausgehen können.

Nachfolgend einige wichtige Hygienevorschriften aus der Hackfleischverordnung:

1. Hackfleisch darf nur am Tage der Herstellung verkauft werden.
2. Fleischwölfe und sonstige Zerkleinerungsgeräte müssen täglich mindestens mittags und abends, bei kontinuierlicher Benutzung nach jeder Betriebszeit, gründlich gereinigt werden.
3. Hackfleisch darf nicht über +4° C gelagert werden. Unmittelbar vor dem Verkauf darf sich diese Temperatur auf maximal +7° C erhöhen.
4. Hackfleisch, das am Tag der Herstellung nicht mehr verkauft werden kann, muß noch am Herstellungstag einer Hitze- oder Pökelbehandlung unterzogen werden, so daß es nicht mehr als Hackfleisch im Sinne der Verordnung verkauft werden kann.

Alle Punkte dienen ausschließlich der Verhinderung der Entwicklung gefährlicher Krankheitserreger. In allen Fleischereien sowie den Fleischabteilungen der Groß- und Supermärkte werden die Vorschriften der Hackfleischverordnung peinlich genau eingehalten, so daß der Verbraucher sicher sein kann, hygienisch einwandfreies Fleisch zu erhalten. Jetzt liegt es an ihm, das gehackte Fleisch zu Hause *so schnell wie möglich* zu Wurst oder anderen Speisen zu verarbeiten. Hackfleisch sollte, wenn irgend möglich, niemals länger als höchstens 12 Stunden im Kühlschrank aufbewahrt werden. Die Temperatur darf dann nicht über +4° C liegen.

Wenn der Wurstfreund das gekaufte Fleisch durch seinen eigenen Fleischwolf drehen möchte, so gilt für ihn die Hackfleischverordnung zwar nicht, jedoch tut er gut daran, sich exakt an die entsprechenden Vorsichtsmaßnahmen zu halten.

Jetzt noch einige Hygieneregeln für die häusliche Wurstherstellung:

1. *Nur frisches und hygienisch einwandfreies Fleisch verarbeiten,*
2. *niemals auch nur leicht schmieriges oder sonstwie verändertes Fleisch nehmen,*
3. *Fleisch ohne Unterbrechung zu Wurst verarbeiten,*
4. *kein rohes, gehacktes oder bereits gewürztes Wurstbrät essen,*
5. *nie Wurstmassenreste im Kühlschrank lagern oder herumstehen lassen (Salmonellengefahr),*
6. *hergestellte Wurst sofort nach Vorschrift weiter bearbeiten,*
7. *auf peinliche Sauberkeit bei allen Arbeiten achten,*
8. *Fleischwolf und andere Geräte nach jedem Gebrauch sorgfältig reinigen.*

Allgemein kann, abgesehen von der Hackfleischverordnung, gesagt werden, daß der Verbraucher heute von einer kaum noch übersehbaren Anzahl von staatlichen Vorschriften geschützt wird. Das Lebensmittelgesetz, das übrigens eines der besten auf der ganzen Welt ist, sowie die einschlägigen, vielfältigen Verordnungen für Fleisch- und Fleischerzeugnisse garantieren, daß nur qualitativ hochwertiges Fleisch auf den Markt kommt. Alle lebenden Schlachttiere werden vor der Schlachtung auf ihren Gesundheitszustand untersucht. Nach der Schlachtung findet die amtliche Fleischbeschau statt. Nur gesundes, voll taugliches Fleisch erhält den runden, blauen Fleischstempel. Dieser Tauglichkeitsstempel hat bei allen Schlachttieren Gültigkeit. Bei Schweinefleisch ist darüber hinaus noch ein rechteckiger Stempel zu finden, der die Trichinenfreiheit des Fleisches bescheinigt. Fleisch, das minderwertig oder bedingt tauglich ist, muß in speziell dafür eingerichteten „Freibankläden" verkauft werden. Auch dieses Fleisch ist mit speziell vorgeschriebenen Stempeln gekennzeichnet. Fleischereien sowie die Fleischabteilungen der Groß- und Supermärkte dürfen dieses Fleisch nicht verkaufen.

Was brauche ich für mein neues Hobby?

Fleischwolf

Das zentrale Gerät für das Wursthobby ist der in den meisten Haushalten schon vorhandene oder noch anzuschaffende Fleischwolf. Am besten eignet sich ein handbetriebener, egal welcher Größe. Alle handbetriebenen Geräte sind in der Bundesrepublik Deutschland genormt. Sie werden von allen Herstellern nach DIN (Deutsche Industrie-Norm) hergestellt. Die haushaltsüblichen Fleischwölfe werden in folgenden Normgrößen gefertigt und ausgeliefert: Nr. 5, Nr. 7, Nr. 8, Nr. 10. Für gewerbliche Betriebe gibt es auch noch größere Maschinen. Auch eine größere Zahl der elektrisch betriebenen Haushaltswölfe sowie Aufsatzgeräte für Küchenmaschinen erfüllen meist ihren Zweck, wenngleich hier zu bemerken ist, daß es ganz auf den Gerätetyp ankommt. Der Wurstfreund kann ja seinen evtl. vorhandenen Fleischwolf auf seine Eignung, speziell für das Füllen der Wursthüllen, testen. Bei einigen elektrisch betriebenen Geräten kann nämlich die Einfüllöffnung etwas eng sein. Diese Tatsache stört weniger beim Hacken des Fleisches, wohl aber beim Stopfen der Wursthüllen. Der Füllvorgang dauert in diesem Fall etwas länger. Der größte Teil der elektrisch angetriebenen Küchenwölfe wird in der Normgröße 5 geliefert.

Haben Sie noch keinen Fleischwolf, so können Sie, ohne einen Nachteil zu haben, den billigen Weg wählen und einen Handwolf der Normgröße 8 kaufen. Dieser Fleischwolf besitzt eine ausreichende Größe, ist für das Stopfen der Wursthüllen ideal und ist zudem noch preiswert. Wenn Sie Ihren Fleischwolf nicht nur zum Stopfen der Wursthüllen benutzen möchten, sondern auch zum Zerhacken des Fleisches, müssen Kreuzmesser und Lochscheibe in einwandfreiem Zustand sein. Von besonderer Wichtigkeit ist die Schärfe des Kreuzmessers. Auch die Lochscheibe muß völlig rostfrei und plangeschliffen sein. Ist das Kreuzmesser nur ein wenig stumpf, läßt die Schnittleistung sehr nach, und das Fleisch wird mehr gequetscht als geschnitten. Gequetschtes Fleisch liefert schlecht bindende, schmierige Wurstwaren, was insbesondere bei der Rohwurst zu Fabrikationsfehlern führen kann. Wollen Sie viel Freude am Wursthobby haben, sollten Sie sich gleich mehrere Kreuzmesser zulegen. Ist dann einmal ein Messer plötzlich stumpf, kann es ausgewechselt und ohne

Zeitverzögerung weitergearbeitet werden. Auch benötigen Sie mehrere Lochscheiben mit unterschiedlich großen Bohrungen. Am zweckmäßigsten sind für die Hobby-Wurstherstellung folgende drei Lochscheibenbohrungen: 3 mm, 4,5 mm und 8 mm. Man spricht dann von einer feinen, mittleren und groben Lochscheibe. Zu beachten ist noch, daß beim Hackprozeß der Überwurfring des Fleischwolfes nicht zu fest, aber auch nicht zu leicht angezogen wird. Bei zu starkem Anziehen wird das Messer relativ schnell stumpf, bei zu schwachem Anziehen ist die Schnittleistung unbefriedigend, da sich zwischen Kreuzmesser und Lochscheibe sofort Fleischsehnen festsetzen.

Schließlich soll auch an dieser Stelle auf die hygienische Behandlung des Fleischwolfes und seiner Einzelteile hingewiesen werden, vor allem die peinlich genaue Reinigung nach dem Gebrauch ist unbedingt notwendig!

Füllaufsätze und Handfülltrichter

Eine phantastische, aber dennoch weithin unbekannte Idee macht für den Laien das Wurst-Hobby erst so richtig möglich. Diese Idee funktioniert den vorhandenen Fleischwolf zur Füllmaschine um, so daß damit fast alle Würste gefüllt werden können. Die Möglichkeit, den Fleischwolf zur Füllmaschine umzubauen, spart DM 500,– bis 600,–. Soviel kostet ungefähr die kleinste für Hausschlachtungen und kleinere Gewerbebetriebe übliche Tischfüllmaschine. Um aus Ihrem Fleischwolf eine perfekte Füllmaschine zu machen, brauchen Sie nur zwei Füllaufsätze. Diese Füllaufsätze sind ca. 15 cm lang, passen auf alle haushaltsüblichen Geräte der Normgrößen 5–10 und haben einen Füllrohrdurchmesser von ca. 22 mm und 33 mm. Der enge Füllaufsatz dient zur Herstellung von Grill- bzw. Bratwürsten, der weite zum Stopfen aller übrigen Roh- und Brühwursthüllen. Breiige oder dünnflüssige Wurstmassen wie Leber- und Blutwurstbräte können mittels Fleischwolf nicht oder nur sehr schwer in die Wursthüllen abgefüllt werden. Diese Massen füllt man mit einem speziell dafür geeigneten Handfülltrichter ein. Ein normaler Trichter kann nicht benutzt werden, da die Auslauföffnung zu eng ist.

Füllaufsätze und Handfülltrichter sind aus lebensmittelechtem Kunststoff gefertigt. Sie sind hitzebeständig und durchsichtig, was bei der Reinigung mittels Flaschenbürste sehr vorteilhaft ist. Füllaufsätze und Handfülltrichter können von der Firma Heinrich Salm, Durlacher Allee 55, 7500 Karlsruhe, bezogen werden. Sie sind sehr preiswert und können innerhalb weniger Tage geliefert werden. Die Preise entnehmen Sie bitte dem beigelegten

Lieferprospekt. Sind Sie im Besitz der Füllaufsätze, ist in einer Minute Ihre Wurstfüllmaschine betriebsbereit. Wie gehen Sie am besten vor?

Schrauben Sie den Überwurfring, der die Lochscheibe am Fleischwolf festhält, ab und entnehmen Sie Lochscheibe und Kreuzmesser. Haben Sie beispielsweise ein Gerät der Normgröße 5, so setzen Sie einfach den gewünschten Füllaufsatz auf den Ausgang des Fleischwolfs und schrauben ihn mittels Überwurfring am Fleischwolf fest. Jetzt drehen Sie den Überwurfring wieder eine halbe Umdrehung nach links. Diese Maßnahme ist zur Entlüftung der Wurstmasse notwendig, die beim Einfüllen in den Fleischwolf zwangsläufig mit hineingelangt. Durch diesen Trick ist ein annähernd luftfreies Abfüllen der Würste möglich. Wie ist zu verfahren, wenn man einen größeren Fleischwolf besitzt? Auch dann ist vorgesorgt, sofern Sie ein Gerät der Normgröße 7, 8 oder 10 Ihr eigen nennen. Zu den beiden Füllaufsätzen erhalten Sie noch insgesamt dreimal 2 = 6 Metallringe, jeweils passend für die Gerätegrößen 7, 8 und 10. Haben Sie zum Beispiel einen Fleischwolf der Normgröße 8, nehmen Sie die beiden hierfür passenden Ringe und legen einen davon von hinten in die Innenseite des Überwurfringes. Dann setzen Sie den Füllaufsatz ein und legen darauf den zweiten Metallring. Nun schrauben Sie den Überwurfring am Fleischwolfgehäuse fest. Auch hier wieder zur besseren Entlüftung den Überwurfring bitte eine halbe Umdrehung nach links drehen. Ihre Füllmaschine ist fertig, und das Stopfen der Wursthüllen kann beginnen. Alle festeren Wurstmassen können auf diese Weise abgefüllt werden. Sollen Leber- und Blutwürste gemacht werden, brauchen Sie den mit im Füllset enthaltenen Handfülltrichter, da diese Wurstmassen zu weich und zur Abfüllung mit dem Fleischwolf nicht geeignet sind. Es versteht sich von selbst, daß auch Füllaufsätze, Handfülltrichter und Metallringe nach jedem Gebrauch gut gesäubert werden. Die Sauberkeitskontrolle ist besonders einfach, da die Füllgeräte durchsichtig sind. Zur Reinigung eignet sich vorzüglich eine Flaschenbürste. Mit Fleischwolf und den diversen Füllaufsätzen bzw. Handfülltrichtern haben Sie schon fast eine voll ausgestattete „Wurstküche“. Es fehlen noch die Wursthüllen, die im folgenden Abschnitt näher besprochen werden.

Wursthüllen

Wursthüllen sind neben Fleischwolf und Füllaufsätzen ein weiteres wichtiges Hilfsmittel für die häusliche „Wurstmacherei“. In allen Einmachbüchern wird, wenn überhaupt, nur auf das Eindosen der Wurstmassen eingegangen. Veröffentlichungen, die das Einfüllen des Wurstbrätes in Wursthüllen beschreiben, gibt es für Laien bis heute nach meinen Informationen nicht.

Je nach Wurstsorten braucht der Wurstfreund verschiedene Wursthüllen. Bei den jeweiligen Wurstrezepten ist zu entnehmen, welche Hülle in Frage kommt. Auch gibt die tabellarische Wursthüllen-Gesamtübersicht darüber Auskunft. Sämtliche Wursthüllen sind auf die speziellen Gegebenheiten des Haushalts abgestimmt und genau ausgewählt. Wursthüllen können von der Firma Heinrich Salm, Durlacher Allee 55, 7500 Karlsruhe, bezogen werden. Für den Wurstfreund fällt und steht das Wurst-Hobby mit einer solchen Bezugsmöglichkeit.

Nun noch etwas Theorie. Es werden grundsätzlich zwei große Darmgruppen unterschieden, die Naturdärme und die Kunstdärme. Naturdärme sind, wie der Name schon vermuten läßt, natürliche Schläuche des Verdauungstraktes. Sie können von Schweinen, Rindern und Schafen stammen. Naturdärme werden peinlich gesäubert, gewendet und kommen eingesalzen oder in Salzlösung eingelegt in den Handel. Kunstdärme sind industriell gefertigte Wursthüllen, die aus den verschiedensten Rohstoffen hergestellt werden. Oft sind es Teile der Rinderhaut (Hautfaserdärme), auch wird nicht selten Zellulose verarbeitet (Cellophandärme). Schließlich können Wursthüllen auch aus einer ganzen Reihe von Kunststoffen gemacht werden.

Für das Wurst-Hobby kommt von den natürlichen Wursthüllen aus verarbeitungstechnischen Gründen nur der *Schweinedünndarm* in Frage. Er ist ideal für alle Grill- und Bratwürste. Darüber hinaus findet er noch Verwendung bei einigen Brüh- und Rohwurstsorten. Er hat den großen Vorteil, daß er von jedem Laien ohne Fachkenntnisse jederzeit verarbeitet werden kann. Auch ist er eßbar, was bei Grillwürsten ja wichtig ist. Schweinedünndärme gibt es in unterschiedlichen Kalibern. Nach meinen Erfahrungen ist aber das Kaliber (Durchmesser) 26/28 mm für die Grill- und Bratwurstherstellung am geeignetsten. Sollen großkalibrige Brüh-, Koch- oder Rohwürste produziert werden, müssen andere Wursthüllen eingesetzt werden. Aus dem fast unübersehbaren Angebot der Industrie für die gewerbliche Wurstherstellung wurden drei entsprechende Wursthüllensorten für den Bedarf des Wurstfreundes ausgewählt. Damit ist gesichert, daß alle in diesem Ratgeber beschriebenen Wurstsorten hergestellt werden können. Auch sie werden von der o. a. Firma geliefert. Diese Wursthüllen oder Kunstdärme sind bereits einseitig abgebunden, so daß sie ebenfalls sehr leicht verarbeitet werden können.

Möchten Sie zum Beispiel Schinkenwurst, Hauskrakauer, Kochsalami oder andere Brühwürste machen, dann gibt es zwei Möglichkeiten, die abhängig sind von den vorhandenen Gegebenheiten. Haben Sie keine Räuchermöglichkeit, was in vielen Fällen die Regel sein dürfte, empfiehlt sich die Verwendung der *Kalle-Top-Faserhülle* mit einem Kaliber von

50 mm und einer Länge von 30 cm. Diese Hülle ist braun gefärbt, und die Wurst erhält durch sie ein ansprechendes Aussehen. Soll geräuchert werden, müssen die Brühwurstmassen in rauchdurchlässige Wursthüllen gestopft werden. Für diesen Sonderfall ist die Verwendung der *Naturin-R_2-Hülle* zu empfehlen. Sie hat ebenfalls einen Durchmesser von 50 mm und eine Länge von wahlweise 20 oder 40 cm. Wer Leber- und Blutwürste machen will, nimmt am besten die *Naturin-Tripan-Hülle*. Diese Wursthülle ist steril, d. h., daß sie weder Rauch noch Luft oder Wasser durchläßt. Alle Aromastoffe bleiben erhalten; auch entstehen keine Gewichtsverluste beim Garen der Würste. Eine Rauchbehandlung hätte also bei dieser Wursthülle keinen Erfolg. Beabsichtigen Sie, ab und zu auch Kochwürste zu räuchern, nehmen Sie am besten auch *Naturin-R_2-Hüllen*. Die *Naturin-Tripan-Hülle* hat einen Duchmesser von 45 mm und eine Länge von 20 cm.

Wursthüllen-Gesamtübersicht für den Hobby-Bedarf

Handelsbezeichnung	Bezugsart/Gebindegröße	Kaliber in mm	Länge in ca.-cm	Verwendung	ca. Füllgewichte in Gramm
Schweinedünndärme	ca. 50 yards = ca. 45 m (in Salzlösung)	26/28	einige Meter	alle Grill- und Bratwürste, Brüh-Knoblauchwürstchen, polnische und Landjäger, Minisalami, luftgetr. Mettwurst, evtl. Leberwurst	600/Meter
Kalle-Top-Faserhülle (Kunsthülle)	Bund zu 25 Stück	50	30	alle Brühwürste ohne Räucherung	400
Naturin-Tripan-Hülle (Kunsthülle)	Bund zu 25 Stück	45	20	alle Kochwürste ohne Räucherung	250
Naturin-R_2-Hülle (Naturfaserhülle)	Bund zu 25 Stück	50	40	alle Brüh-, Koch- und Rohwürste mit Räucherung	600
Naturin-R_2-Hülle (Naturfaserhülle)	Bund zu 25 Stück	50	20	wie oben	250

Lieferanschrift und Preise können dem beigelegten Prospekt entnommen werden

Für die Rohwurstherstellung brauchen Sie unbedingt poröse, rauchdurchlässige Wursthüllen. Die *Naturin-R_2-Hülle* ist für diese Wurstart geradezu prädestiniert. Sie ist aus Bestandteilen der Rinderhaut aufgebaut und kommt in ihren Eigenschaften einem Naturdarm am nächsten.

Bei der Aufbewahrung der Wursthüllen ist folgendes zu beachten: Die in Salzlösung gelieferten Schweinedünndärme bewahrt man zweckmäßigerweise im Kühlschrank auf. Sie halten dann gut ein Jahr. Alle Kunsthüllen sind bei trockener Lagerung fast unbegrenzt haltbar.

Fade schmeckt ein jed's Gericht,
dem es ganz an Salz gebricht
(Alter Spruch)

Salz

Das Speisesalz hat bei der Wurstherstellung mehrere Aufgaben zu erfüllen. Neben der Aufgabe als Geschmacksverbesserer dient es bis zu einem gewissen Grade auch als Konservierungsstoff. Salz ist wasseranziehend (hygroskopisch), entzieht den Bakterien das für sie lebensnotwendige Wasser und wirkt so hemmend auf die Bakterienentwicklung. Es verbessert also direkt die Haltbarkeit der Wurstwaren. Salz ist darüber hinaus für den Menschen unentbehrlich, da es den Wasserhaushalt und den osmotischen Druck in den Körperzellen beeinflußt. Bei der Wurstherstellung fördert Salz die Quellungsvorgänge im Fleischeiweiß und verbessert so die Wasseraufnahmefähigkeit und damit die Bindung der Wurstmasse. Feinkörniges Salz ist grobkörnigem immer vorzuziehen, da bei ersterem eine gleichmäßigere Verteilung innerhalb der Wurstmasse gewährleistet ist. Aufgrund seiner wasseranziehenden Eigenschaften muß Salz immer trocken gelagert werden; es klumpt sonst und ist mit dem Löffel nicht zu dosieren. Salzmengen von 2–2,5 % der Wurstmasse sind als normal anzusprechen. In Gramm heißt das, daß pro kg Masse 20–25 Gramm, abhängig von der Wurstart, gegeben werden. Bei Grill- und Bratwürsten sind Salzmengen von 20 g auf 1 kg Wurstmasse üblich. Einige Kochwurstbräte erhalten eine Salzmenge von 25 g, je nach Wurstsorte.

Pökelsalz

Sollen Brüh- und Rohwürste gemacht werden, braucht der Wurstfreund Pökelsalz. Dieses Pökelsalz ist ein Gemisch und besteht zu 99,5 % aus normalem Speisesalz und enthält darüber hinaus noch zu 0,5 % einen

Pökelstoff, der der Wurst das bekannte, schöne rötliche Aussehen verleiht. Zwar könnten die Brühwürste auch mit normalem Speisesalz gewürzt werden, das appetitliche Aussehen wäre dann allerdings nicht vorhanden. Am Wurstgeschmack ändert dies nichts.

Für die Produktion von Roh- oder Dauerwürsten ist Pökelsalz jedoch unabdingbare Voraussetzung. Nur durch den Einsatz von Pökelsalz erhält diese Wurstgruppe die nötige Haltbarkeit und das entsprechende Aussehen. Der im Pökelsalz enthaltene Pökelstoff wirkt besonders hemmend auf Mikroorganismen. Rohwürste, nur mit Salz gefertigt, müßten unweigerlich verderben.

Unter den Verhältnissen des Normalhaushalts ist bei der Rohwurstherstellung eine Pökelsalzmenge von 30 g pro kg Wurstmasse zu empfehlen, sofern weitkalibrige Würste hergestellt werden.

Achtung! Pökelsalz hat die Eigenschaft, daß es sich leicht entmischt. Der Pökelstoff wandert mit der Zeit nach unten. Es ist anzuraten, das Pökelsalz vor jedem Gebrauch mit einem Löffel etwas durchzuschaufeln.

Auch Pökelsalz ist natürlich wasseranziehend und muß immer verschlossen aufbewahrt werden. Die Firma Heinrich Salm, Karlsruhe, liefert dieses Pökelsalz in Gebinden von 1 kg.

Bei kleinen Wurstrezepturen, wie sie in diesem Buch angegeben sind, kann die Salz- bzw. Pökelsalzmenge mit einem Eßlöffel dosiert werden.

Beispiele: 1 Eßlöffel stark gehäuft = ca. 25–28 Gramm
1 Eßlöffel schwach gehäuft = ca. 20 Gramm
1 Eßlöffel gestrichen = ca. 8 Gramm

Bei größeren Wurstmengen empfiehlt sich das Abwiegen der Salz- oder Pökelsalzgaben mit einer guten Küchenwaage.

Tip: Sollen bei einer Grillparty besonders schöne Grillwürste präsentiert werden, so nimmt man anstelle des normalen Speisesalzes Pökelsalz. Die Grillwürste sehen dann besonders appetitlich aus.

Gewürze

Eine Speise ohne Gewürz ist
eine Blume ohne Duft
(Alter Spruch)

Wieviel Wahrheit in obigem Spruch steckt, können wir alle sicher ermessen. Die richtige Würzung der Wurst ist ausschlaggebend für deren Wohlgeschmack. Gewürze wirken durch ihren Gehalt an leicht flüchtigen ätherischen Ölen (z. B. Nelken), oder durch scharf schmeckende Bitterstoffe (z. B. Pfeffer). Die Gewürze haben in der Ernährung mehrere Aufgaben zu erfüllen. Sie verbessern den Geschmack, Geruch, regen den Appetit und damit die Verdauung an. Schließlich wirken sie in der Wurst teilweise noch keimhemmend und konservierend.

Der Wurstfreund erhält alle nötigen Gewürze in jedem Lebensmittelgeschäft. Dort sind teilweise sehr große Gewürzregale vorhanden, die jeden Bedarf befriedigen. Die meisten Gewürze fürs Wurst-Hobby hat er ohnehin schon in der Küche.

Zur Gewürzlagerung noch ein paar Tips. Alle Gewürzdosen oder -beutel müssen trocken und sorgfältig verschlossen aufbewahrt werden. Feuchtigkeit ist für getrocknete Gewürze sehr nachteilig und führt zu raschem Verderb. Würste, die mit nicht völlig keimfreien Gewürzen hergestellt werden, können leicht verderben. Insbesondere ist bei der Rohwurstproduktion auf diesen Punkt zu achten, da Rohwürste keiner Hitzebehandlung unterzogen werden.

Bei den relativ kleinen Wurstrezepturen in diesem Buch wurde bewußt auf Grammangaben bei den Gewürzen verzichtet. Wer könnte schon so ohne weiteres 2 oder 3 Gramm Pfeffer abwiegen? Die angegebenen Gewürze wurden bei der Rezeptentwicklung gewogen und können deshalb mit Eßlöffel oder Teelöffel dosiert werden.

Die Würzung bei den jeweiligen Rezepturen sind Vorschläge, die jederzeit individuell abgewandelt werden können. Diese Möglichkeit macht ja gerade den Reiz der Hobby-Wurstherstellung aus. Der eigenen Phantasie sind hier keine Grenzen gesetzt.

Technische Hinweise zum Füllen der Wursthüllen

Das richtige Stopfen der Wursthüllen ist eine der entscheidendsten Stationen bei der Wurstmacherei. Möchten Sie, was am Anfang zu empfehlen ist, Grillwurst machen, so schrauben Sie den engen Füllaufsatz an den Fleischwolf. Wie das funktioniert, lesen Sie im Abschnitt „Füllaufsätze und Handfülltrichter". Dann nehmen Sie die entsprechende Menge Schweinedünndärme aus der Salzlösung des Behälters und legen diese 2 Stunden in lauwarmes Wasser. Für 1 kg Wurstmasse brauchen Sie ca. 1,60 Meter. Das Wässern hat den Zweck, daß die Därme elastisch, weit und zart werden. Die Genießbarkeit hängt wesentlich von einer ausreichenden Wässerung ab. Aus arbeitswirtschaftlichen Gründen ist es empfehlenswert, erst die Därme zu wässern und bis zum Abfüllen des Brätes die Wurstmasse herzustellen. Macht man es so, ist ein kontinuierliches Weiterarbeiten am ehesten gesichert.

Haben Sie die Grill- oder Bratwurstmasse fertig, kann das Füllen beginnen. Wie gehen Sie dabei am zweckmäßigsten vor? Suchen Sie zunächst ein Ende des gewässerten Schweinedünndarms und halten es mit einer Hand fest. Mit der anderen Hand streifen Sie das evtl. eingedrungene Wasser gut aus. Nun reiben Sie das Füllaufsatzrohr mit etwas Fett oder Öl ein und ziehen den Darm auf. Sie werden sehen, es klappt auf Anhieb. Jetzt formen Sie kleine Hackfleischballen und füllen sie möglichst luftfrei in den Fleischwolf. Es ist immer darauf zu achten, daß genug Wurstmasse nachgefüllt wird. Am Füllaufsatzende entsteht nun die Wurst. Das Kaliber von Grill- und Bratwürsten sollte ungefähr Flaschenhalsstärke haben. Ein zu strammes Füllen ist zu vermeiden, da diese Würste nach dem Füllen noch abgedreht werden müssen. Ideal ist es, wenn eine Person einfüllt und kurbelt, eine andere die entstehende Wurst gleichmäßig leicht anzieht. Durch diese kleine Hilfestellung ist ein gleichmäßiges Wurstkaliber zu erzielen. Kommt wider Erwarten doch einmal etwas Luft mit in die Wursthülle, so kann an der betreffenden Stelle mit einer Nadel eingestochen werden. Die Luft entweicht dann problemlos. Haben Sie die gesamte Wurstmasse abgefüllt, schrauben Sie den Überwurfring ab, lassen aber den Füllaufsatz in der Wursthülle stecken. Der im Füllaufsatz befindliche Wurstmassenrest wird nun mit den Fingern oder mit einem Kochlöffelstiel vollends in die Hülle eingestopft.

An den Füllvorgang schließt sich das Abdrehen der Grillwürste an. Sie werden sehen, es klappt genauso gut wie das Einfüllen. Wie man's macht? Nach etwa 15 cm Wurstlänge drücken Sie mit Daumen und Zeigefinger die Wurst durch, und zwar so, daß sich Daumen und Zeigefinger berühren. Das erste Würstchen drehen Sie jetzt zwei- bis dreimal nach rechts. Nach weiteren 15 cm drücken Sie wieder nach Vorschrift durch und drehen dieses Würstchen zwei- bis dreimal nach links. Dann das nächste wieder nach rechts und so weiter. Sie können diese Wurstkette aufhängen oder auch Wurstpaare bzw. Einzelwürstchen abschneiden, ganz wie es Ihnen beliebt. Es ist selbstverständlich auch möglich, die Grillwürste auf jede andere Länge abzudrehen. Eine große Freude können Sie Ihren Kindern bereiten, wenn Sie ihnen „Kinderwürstchen“ machen. Diese werden nur auf ca. 5 cm Länge abgedreht. „Extrawürste“ schmecken ja viel besser! Probieren Sie's aus. Sollte nach dem Einfüllen der Wurstmasse noch ein Rest Därme übrig sein, so reiben Sie diesen gut mit Salz ein und legen ihn zurück in das Aufbewahrungsgefäß (immer im Kühlschrank lagern!).

Wenn Sie im Füllen von Schweinedünndärmen perfekt sind, können Sie auch jede andere Wursthülle verarbeiten. Diese Kunsthüllen müssen ebenfalls 30 Minuten gewässert werden, damit sie sich gut bearbeiten lassen. Das Ausstreifen des eingedrungenen Wassers ist selbstverständlich. Allgemein gilt, daß beim Stopfen aller großkalibrigen Würste der weite Füllaufsatz eingesetzt wird.

Wie funktioniert das Stopfen der Kunsthüllen? Die gewässerten und ausgestreiften Hüllen zieht man so weit über das Füllrohr, daß das Füllaufsatzende im Inneren der Wursthülle am zugebundenen Hüllenteil anstößt. Jetzt preßt eine Hand die Wursthülle sehr fest an das Füllrohr. Eine Hilfsperson, sehr gerne machen das Kinder, füllt die Wurstmasse wie üblich ein und kurbelt. Alle Brüh- und Rohwürste müssen sehr stramm gestopft werden. Erreicht wird das, indem man die Wursthüllen sehr fest an das Füllrohr preßt und dem Druck des nachströmenden Wurstgutes nur allmählich nachgegeben wird. Ist die Wursthülle bis auf ca. 5 cm gefüllt, ist sie abzunehmen. Das offene Wursthüllenende dreht man einfach zu, und die Hilfsperson bindet die Wurst sehr knapp und fest ab. Sehr gut eignet sich dazu das bekannte Wurstgarn, das in den meisten Haushaltsgeschäften zu haben ist.

Das Stopfen mittels Fleischwolf ist nur bei festeren Massen möglich. Wenn Sie Leber- und Blutwürste produzieren wollen, brauchen Sie unbedingt einen speziellen Handfülltrichter. Ein normaler Trichter kann dazu nicht verwendet werden, da seine Auslauföffnung viel zu eng ist. Dieser Handfülltrichter ist Bestandteil des Füllsets, das die Fa. Heinrich Salm, Karlsruhe, vertreibt.

Das Einfüllen mittels Handfülltrichter geht ganz einfach. Nehmen Sie den Handfülltrichter in die linke Hand und stecken das schmale Ende des Trichters in die Wursthülle. Die linke Hand preßt die Hülle fest an den Trichterauslauf. Mit der rechten Hand füllen Sie mit einer Kaffeetasse das weiche Material in die Wursthülle. Das Abbinden erfolgt knapp unterhalb des Trichterauslaufes durch eine Hilfskraft. Beabsichtigen Sie, Leber- und Blutwurst einzudosen, nehmen Sie vorteilhafterweise auch den Handfülltrichter zum Füllen der Dosen. Benutzen Sie den Trichter, wird der Dosenrand niemals mit Fett oder Wurstmassenresten beschmiert. Ist der Dosenrand nicht völlig sauber, kommt kein sicherer Verschluß zustande, und der Doseninhalt verdirbt sehr leicht.

Alle für den Wurstfreund ausgewählten Wursthüllen lassen sich bei Beachtung der gegebenen Hinweise ohne Probleme verarbeiten.

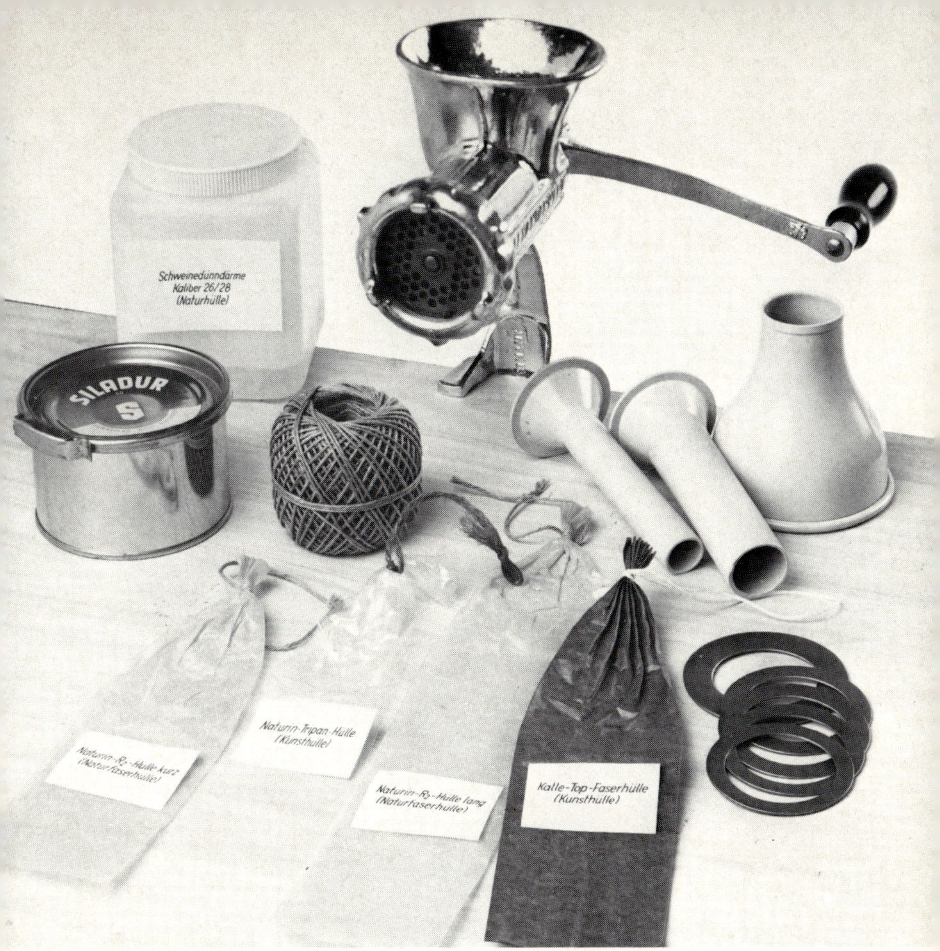

Für die Wurstherstellung notwendige Utensilien

Links: Kalträucherschrank, rechts: selbstgebauter Warmrauchofen

Eindosen – warum und wie?

Das Eindosen ist eine sehr gute Möglichkeit, feine Wurstwaren in einer arbeitsarmen Zeit herzustellen, ohne sie bald verbrauchen zu müssen. Auf diese Weise kann ein Fleischsonderangebot jederzeit genutzt und ein Vorrat an deftiger Hausmannskost angelegt werden. Von überraschendem Besuch wird selbst hergestellte Wurst besonders gerne gegessen! Ein größerer Dosenvorrat ist aber auch eine gewisse Versicherung für eventuelle Krisenzeiten oder Naturkatastrophen, die immer und überall eintreten können. Man denke nur an die letzte Schneekatastrophe in Norddeutschland. Bei wochenlangem Abgeschiedensein von der Außenwelt ist ein guter Lebensmittelvorrat unter Umständen lebensrettend. Vorbeugen ist besser als hungern.

In früheren Zeiten war es auf dem Lande selbstverständlich, daß beim Schlachten eine größere Wurstmenge in Dosen sterilisiert wurde. Heute ist dieser Brauch etwas seltener geworden, da viele Landwirte nicht mehr selbst schlachten, weil sie keine Schweine mehr mästen.

Dem Wurstfreund bietet die Konservenherstellung phantastische Möglichkeiten. Man denke nur an die universelle Verwendbarkeit der Dosen beim Wandern, beim Campen oder auf Reisen. Dosen haben den Vorteil, daß sie nicht wie Gläser zerbrechen können. Für das Wursthobby empfehlen sich Dosen mit 400 g Inhalt. Diese Dosen haben einen Patentverschluß und sind in der Handhabung völlig unproblematisch. Die Firma Heinrich Salm, Karlsruhe, bietet diese Dauerdosen sehr preiswert an.

Das Prinzip der Haltbarmachung von Wurstmassen beim Sterilisieren ist relativ einfach. Rohes oder teilweise vorgekochtes Fleisch bzw. Wurstbrät wird in Dosen oder Gläser eingefüllt und in kochendem Wasser eine gewisse Zeit gekocht. Bei diesem Kochprozeß durchdringt die Hitze nach und nach das Wurstgut. Die Wurstmasse wird durch die stattfindende Eiweißgerinnung schnittfest. Vorhandene Mikroorganismen werden durch die Hitze abgetötet. Voraussetzung ist allerdings, daß ausreichend lange und bei 100° C sterilisiert wird. Die Sterilisierdauer ist bei jedem Rezept angegeben. Wenn Fehler beim Sterilisieren vorkommen, kann der Doseninhalt leicht verderben. Der Verderb ist auf noch vorhandene Bakterien in der Dose zurückzuführen. Sie zersetzen mit der Zeit den Doseninhalt und scheiden bei ihrem Stoffwechsel Kohlendioxid aus, das den Dosendeckel hochtreibt. Dosen mit gewölbtem Deckel nennt man Bombagen. Der Inhalt darf unter keinen Umständen gegessen werden. Der Genuß hätte schwerwiegende Folgen, die zum Tode führen könnten. Bombagen also immer wegwerfen!

Richtiges Eindosen ist keine Kunst. Bei Beachtung der folgenden Regeln und der Tips speziell für die Patent-Dauerdosen kann nichts schiefgehen.

1. *Alle Dosen, Deckel und Gummiringe müssen in einwandfreiem und hygienischem Zustand sein.*
2. *Rohe Wurstmassen zersetzen sich sehr schnell durch Bakterien. Dosen nach dem Füllen sofort verschließen und sterilisieren.*
3. *Dosen mit kaltem Inhalt in kaltes, Dosen mit warmem Inhalt in warmes Wasser stellen.*
4. *Die Kochzeit beginnt erst dann, wenn das Wasser sprudelt.*
5. *Auf dem Boden des Sterilisiergefäßes muß ein Draht- oder Blechrost liegen, damit sich Dosen und Boden nicht berühren.*
6. *In das Kochwasser zwei Eßl. Salz geben. Durch diese Salzzugabe wird die Wassertemperatur beim Kochen um einige Grade erhöht. Diese Temperaturerhöhung erhöht die Sicherheit der Sterilisation wesentlich.*
7. *Dosen nur bis 3 cm unter den Rand füllen! Wird höher eingefüllt, kann durch Ausdehnung des Doseninhalts beim Kochen Fett zwischen Deckel, Gummiring und Dose gelangen. Ein sicherer Verschluß ist dann nicht gegeben.*
8. *Nach der vorgeschriebenen Einkochzeit müssen alle Dosen in kaltem, möglichst fließendem Wasser abgekühlt werden! Während des Auskühlens sollte man die Dosen öfter wenden, damit sich das Fett gleichmäßig verteilt.*
9. *Die Dosen müssen beim Kochen immer unter Wasser stehen.*
10. *Die Einkochdauer beträgt für rohe Wurstmassen 120 Minuten = 2 Stunden, für vorgekochtes Wurstmaterial 90 Minuten = 1 1/2 Stunden. (Die Einkochzeiten sind Richtwerte ohne Gewähr.)*

Spezielle Tips bei Verwendung der Siladur-Dauerdose mit Patentverschluß (vom Hersteller empfohlen):

1. *Dose und Deckel vor Gebrauch ohne Zusatz von Reinigungsmitteln heiß ausspülen.*
2. *Gummiring vor Gebrauch in heißes Wasser tauchen und glatt, also nicht verdreht, auf den Deckel legen.*

3. *Deckel mit aufgezogenem Gummiring auf die Dose setzen.*
4. *Verschlußring mit geöffnetem Hebel (breiter Rand nach oben, siehe Prägung im Verschlußhebel) beidhändig leicht auseinanderziehen und so weit über den Deckel nach unten führen, bis der Verschlußring Deckel- und Dosenrand gleichmäßig umschließt.*
5. *Den richtigen Sitz von Deckel und Verschlußring überprüfen, bevor dieser durch Umlegen des Handhebels gespannt wird. Dann den Verschlußring mit einer Hand von oben umfassen und zusammendrükken. Durch Umlegen des Verschlußhebels mit dem Handballen der freien Hand die Dose fest verschließen.*
6. *Sterilisiert wird in der üblichen Weise. Spannringe nach Auskühlen der Dosen nicht entfernen.*
7. *Vor dem Einlagern die Dosen gut abtrocknen und mit Zwischenraum stapeln.*
8. *Den Verschlußring vor dem Entleeren der Dose öffnen. Dann den Verschlußring etwas auseinanderziehen und nach oben abheben. Sollte der Deckel noch fest sitzen, leicht mit geeignetem, stumpfem Gegenstand (Löffelstiel) zwischenfassen.*
9. *Nach dem Leeren der Dose alle Teile (Dose, Deckel, Spann- und Gummiring) mit heißem Wasser ohne Zusatz von Reinigungsmitteln gründlich säubern und gut trocknen.*
10. *Dosen bis zur Wiederverwendung trocken lagern, da sie sonst rosten können. Gummiringe nur liegend aufbewahren.*

Etwas über das Räuchern

Das Räuchern ist wie das Einsalzen eine der ältesten Konservierungsarten. Unter Räuchern ist die kurz- oder längerfristige Einwirkung von Rauch auf bestimmte Lebensmittel zu verstehen. Rauch entsteht in speziellen Räucheröfen bei der unvollständigen Verbrennung (Schwelung) von Sägemehl. In der Hauptsache werden vor allem Roh- oder Dauerwürste, Koch- und Brühwürste geräuchert.

Nach der Rauchtemperatur werden drei Raucharten unterschieden. Der Fachmann spricht vom Kaltrauch, Warmrauch und Heißrauch. Als *Kaltrauch* bezeichnet man einen Rauch, dessen Temperatur bei 15–20° C liegt. Im Kaltrauch werden grundsätzlich *alle Rohwurstarten* geräuchert. Sollen Blut- und Leberwürste geräuchert werden, ist ebenfalls mit kaltem Rauch zu räuchern. Roh- und Kochwürste müssen im Kaltrauch geräuchert werden, weil das in den Würsten enthaltene Fett bei höheren Temperaturen schmelzen und die Wursthüllenporen verstopfen würde. Die Würste können nicht mehr „atmen", und der Inhalt würde stickig werden. Von den genannten Räucherarten hat der Kaltrauch die besten Konservierungseigenschaften. Besonders stark und lange geräucherte Würste halten am längsten.

Der *Warmrauch* umfaßt einen ungefähren Temperaturbereich von 30 bis 50° C. Warmgeräuchert werden bei Wunsch alle Brühwürste. In den gewerblichen Betrieben werden, wenn überhaupt, Brühwürste heiß geräuchert. Dieses Heißräuchern erfolgt in besonders teuren Heißrauchgeräten, die sich für den Wurstfreund niemals rentieren würden. Wenn der Wurstfreund nicht auf das Raucharoma verzichten will, so kann er sich auch für ein paar Pfennige einen „Warmrauchofen" selbst bauen. Wie so etwas geht, ist in diesem Ratgeber genau erklärt.

Außer allen Brühwürsten können mit diesem Warmrauchofen auch alle Grillwürste vor dem Grillen bzw. Braten geräuchert werden. Diese Maßnahme bringt gerade bei Grillwürsten eine wesentliche Geschmacksverbesserung. Wenn am Anfang keine Rohwürste produziert werden sollen, kann auf die Anschaffung eines Kaltrauchofens oder Kaltrauchschrankes verzichtet werden. In diesem Fall räuchert man die herzustellenden Brühwürste nicht.

Ein Wurstliebhaber, der etwas handwerkliche Fähigkeiten hat, baut sich in zwei Stunden einen kleinen Warmrauchofen und spart damit viel Geld. Ein vergleichbarer Räucherofen kostet um die DM 150,–. Roh- und Kochwürste können in diesem Räucherofen nicht geraucht werden, da die entstehenden Rauchtemperaturen viel zu hoch liegen. Für die Herstellung der in diesem Buch vorgestellten Rohwürste ist jedoch ein Kalträucherschrank unabdingbare Voraussetzung. Die Firma Heinrich Salm, Karlsruhe, liefert einen sehr preiswerten Schrank, dessen Maße dem beigelegten Lieferprospekt entnommen werden können.

Als Räuchermittel nimmt man Sägemehl von Harthölzern, also von Eiche oder Buche. Sägemehl aus Weichhölzern wie Tanne, Fichte usw. enthält Harzstoffe, die nicht den geschmacklichen Wert besitzen, den Eichen- und Buchensägemehl hat. Die Rauchtemperatur im Kaltrauchofen wird mit einem einfachen Thermometer kontrolliert, der in den Räucherschrank eingehängt wird.

Geeignetes Sägemehl liefert jedes Sägewerk für wenig Geld. Sehr wichtig ist die Verwendung vollkommen trockenen Materials. Es empfiehlt sich, das Sägemehl vor dem Anzünden auf dem Herd oder einer anderen Wärmequelle zu trocknen. Weitere Hinweise zur Funktionsfähigkeit eines Kalträucherschrankes und zu feuerpolizeilichen Vorschriften werden in der Betriebsanleitung gegeben.

Wurstfehler und ihre Ursachen

Werden allgemeine Hinweise, technische Anleitungen und die Rezepturen genau befolgt, ist mit Fehlern bei der häuslichen Wurstherstellung nur sehr selten zu rechnen. Trotzdem kann es aus den verschiedensten Gründen einmal vorkommen, daß eine Wurst Fehler aufweist, die aber in den allermeisten Fällen harmloser Natur sind. Bekanntlich kommt ja auch beim Backen oder Kochen einmal ein Fehler vor, dessen Ursachen zunächst unbekannt sind.

Die folgenden Übersichten beschreiben die wichtigsten Wurstfehler und ihre Ursachen, geordnet nach Wurstgruppen.

Brühwurste

Wurstfehler	Ursachen	Mögliche Herstellungs- bzw. Lagerungsfehler
Wurst setzt Sülze ab, krümelig trockene Beschaffenheit	Schlechte Bindung in der Wurstmasse	Schlechte Fleischqualität, zu hoher Fettanteil, starke Erwärmung des Fleisches bei stumpfen Schneidwerkzeugen
Grünliche Flecke im Wurstanschnitt	Bakterien	Verarbeitung von nicht einwandfreiem Fleisch, zu niedrige Brühtemperatur, zu langes Liegen im Kühlwasser nach dem Brühen, feuchtwarme Lagerung
Grauer Rand	Kälterand Lichtrand	Zu kaltes Abschrecken nach dem Brühen, Lagerung unter 4 °C, zu helle Räume
Unbefriedigende Farbe, grauer Kern	Ungenügende Umrötung	Altes, schlechtes oder entmischtes Pökelsalz, feuchtwarme Lagerung, zu lange Aufbewahrungsdauer
Faltenbildung und Schrumpfung	Austrockung	Zu lange und zu trockene Lagerung, zugige Räume, falsche Behandlung nach dem Brühen
Schmierigwerden	Bakterien	Feuchtwarme Lagerung, Temperaturwechsel, zu lange Abschreckzeit nach dem Brühen
Unreiner Geschmack	Bakterien Fremdgerüche	Verarbeitung nicht einwandfreien Materials (Fleisch, Speck, Gewürze), zu niedrige Brühtemperatur, warme Lagerung, Annahme von Fremdgerüchen bei der Lagerung

Kochwürste (Leberwurst)

Wurstfehler	Ursachen	Mögliche Herstellungs- bzw. Lagerungsfehler
Säuerung	Bakterien	Leber nach dem Schlachten zu langsam ausgekühlt, schlecht gegarte Zwiebeln, zu geringe Brühtemperatur, zu hohe Rauchtemperatur bei evtl. Räuchern, Abschrecken des gekochten Materials, feuchtwarme Lagerung, starke Temperaturwechsel
Trockene und dunkle Wurst	Falsches Material	Verarbeitung von zuviel Leber, im Verhältnis zu geringe Fettmenge, Wurst zu stark ausgekocht, dunkle oder falsche Gewürze, Austrocknung durch Lagerung in Räumen mit zu geringer Luftfeuchtigkeit bei porösen Wursthüllen
Stickigkeit	Bakterien	Zu niedrige Brühtemperatur, zu trockene Lagerung und Austrocknung der Randzonen, Wurst erstickt im Inneren
Grieseligkeit	Fettgriesel	Beim Abschrecken die Wurst nicht gewendet und damit keine gleichmäßige Fettverteilung, evtl. zu hohe Rauchtemperatur, zu hohe Lagertemperatur

Kochwürste (Blutwurst)

Wurstfehler	Ursachen	Mögliche Herstellungs- bzw. Lagerungsfehler
Nicht ausreichende Schnittfestigkeit	Schlechte Bindung, bakterielle Zersetzung	Zu weich gekochtes Wurstmaterial, Verarbeitung von zu wenig oder nicht ausreichend entfetteten Schwarten, Speck- bzw. Fleischwürfel vor der Verarbeitung nicht heiß abgeschwenkt
Matter Anschnitt	Falsches Material	Verarbeitung von Rinderblut
Saure Wurst	Falsches Material	Nicht einwandfreies Material, Brühtemperatur zu niedrig, feuchtwarme Lagerung
Blutige Fettwürfel	Falsche Verarbeitung	Speckwürfel vor dem Vermischen mit Blut nicht überbrüht

Anmerkung: In ausgesprochen seltenen Fällen kann es auch bei Beachtung aller hygienischen und sonstigen Hinweise einmal vorkommen, daß z. B. eine Rohwurst verdirbt oder ein Doseninhalt schlecht wird. Dies liegt dann meist am verwendeten Fleisch, das vielleicht von zu jungen oder brünstigen Tieren stammte. Viele, oft rein zufällige Faktoren beeinflussen die Wurstherstellung, unter denen die Beschaffenheit des Fleisches zum Zeitpunkt der Verarbeitung der entscheidendste Punkt ist. Der Autor kann aus genannten Gründen keine Gewähr für das sichere Gelingen eines jeden Wurstrezeptes übernehmen.

Rohwürste (Dauerwürste)

Wurstfehler	Ursachen	Mögliche Herstellungs- bzw. Lagerungsfehler
Ungenügende Farbhaltung	Mangelhafte Umrötung	Pökelsalz entmischt oder zu alt, schlecht durchgekühltes Fleisch, Reifungsdauer zu kurz, Reifungstemperatur zu niedrig, zu kalte Lagerung
Grauer Rand	Kälterand	Wurst wurde in feuchtkalter Luft gereift
Grauer Kern	Reifefehler	Reiferaum zu trocken oder zugig, Raumtemperatur zu hoch
Faltenbildung und Schrumpfung	Wursthülle schrumpft nicht mit	Reifeklima zu trocken, zugige Räume, zu hohe Rauchtemperatur
Hohlraumbildung	Reifungsfehler	Reiferaum zu trocken, zugig, zu hohe Rauchtemperatur, Miteinfüllen von Luft, falsche Zusammenstellung des Materials
Ranziger Geschmack	Fettverderb	Rauchtemperatur war zu hoch, Erwärmung des Fleisch- und Speckmaterials im Fleischwolf durch stumpfe Kreuzmesser, zu helle Lagerung, zu hohe Raumtemperaturen, überlagerte Wurst
Schimmeln der Wurst	Schimmelpilz	Zu hohe Luftfeuchtigkeit, keine ausreichende Räucherung, Mangel an Frischluft
Stichiger Geschmack	Bakterien	Schlecht durchgekühltes Fleisch- und Speckmaterial, Erwärmung des Fleisch-Speck-Gemisches im Fleischwolf durch stumpfe Kreuzmesser, Fleisch von zu jungen oder brünstigen Tieren, zu hohe Rauchtemperatur, zu niedrige Luftfeuchtigkeit im Lagerraum

Hast'e Wurst in deiner Klause,
brauchst du nicht mehr aus dem Hause
K.-F. Schmidt

Tips zur Wurstlagerung

Eine optimale Lagerung der Würste ist eine entscheidende Voraussetzung für deren Wohlgeschmack. Es geht einfach darum, den Würsten bis zum Verzehr ideale Bedingungen zu schaffen. Hierzu gehört der Schutz vor zu hohen Raumtemperaturen und allzu hellem Licht. Auch eine bestimmte Luftfeuchtigkeit hat großen Einfluß auf die Haltbarkeit der Würste. Ist die Luftfeuchtigkeit zu hoch, schimmeln die Würste sehr leicht, ist sie zu niedrig, trocknen die Würste schnell aus. Durch unsachgemäße Lagerung können große finanzielle Verluste entstehen. Es ist deshalb sehr zu empfehlen, die folgenden Tips zur Wurstlagerung zu beachten.

Grill- und Bratwürste

Bei Grill- bzw. Bratwürsten bieten sich mehrere Möglichkeiten an. Möchte man die Würste nicht frisch verbrauchen, können sie gut einige Tage in einem kühlen und luftigen Raum aufbewahrt werden. Wurden sie mit Pökelsalz hergestellt, halten sie gut zwei bis drei Wochen; bei Kalträucherung noch länger. Auf ausreichende Luftzirkulation und Raumtemperaturen nicht über 15° C ist zu achten. Die Würste müssen mit ausreichendem Abstand voneinander an Stangen aufgehängt werden. Ein schädlingsfreier Raum ist selbstverständlich. Das sofortige Einfrieren der rohen Würste hat auch seine Vorteile. Es stehen so zu jeder Zeit frische Grill- bzw. Bratwürste zur Verfügung. Eine evtl. vorhandene Schockfrosteinrichtung am Gefriergerät sollte eingeschaltet werden. Allerdings empfiehlt sich eine längere Einfrierdauer als vier Wochen aus geschmacklichen Gründen nicht. Bei längerer Einfrostung laufen innermolekulare Fettveränderungen ab, die unerwünscht sind. Grillwürste können auch vor dem Einfrieren warm geräuchert werden. Eine Räucherung nach dem Auftauen, unmittelbar vor der Zubereitung, ist ebenfalls möglich.

Rohe Grill- bzw. Bratwürste niemals bei Zimmertemperatur herumliegen lassen!

Brühwürste

Alle in diesem Buch vorgestellten Brühwürste sind Frischwürste, die frisch verbraucht werden müssen. Für den Wurstfreund ist es ratsam, alle Brühwürste im Kühlschrank aufzubewahren. Die Temperatur muß zwischen 4–6° C liegen. Sofern die Würste nicht angeschnitten werden, halten sie bei dieser Temperatur bis vier Wochen. Brühwürste können nach dem Brühen und einer Abkühlungsphase auch eingefroren werden. Dies gilt sowohl für ungeräucherte als auch für geräucherte Brühwürste.

Kochwürste

Blut- und Leberwürste, die nicht geräuchert werden sollen und deshalb in Naturin-Tripan-Hüllen eingefüllt wurden, werden wie Brühwurst im Kühlschrank gelagert. Die Haltbarkeit beträgt auch hier ungefähr vier Wochen. Kalt geräucherte Blut- und Leberwürste in Naturin-R_2-Hüllen können entweder kühl und luftig aufgehängt oder auch eingefroren werden. Wegen des etwas höheren Fettgehalts sollten Kochwürste nicht länger als ca. zwei Monate in der Gefriertruhe lagern.

Als Faustregel für Koch- und Brühwürste kann gelten, daß eine Einfrierdauer von mehr als drei Monaten aus geschmacklichen Gründen nicht ratsam ist. Nach vollendeter Kalträucherung können Kochwürste auch im Rauchschrank verbleiben.

Rohwürste

Rohwürste stellen an die Lagerbedingungen relativ hohe Anforderungen. Die Raumtemperaturen dürfen niemals über 12° C liegen. Bei höheren Temperaturen beginnt das Wurstfett zu schmelzen und verstopft von innen die Poren der Wursthüllen. Die Würste können nicht mehr „atmen", und der Wurstinhalt erstickt. Außer der geforderten niedrigen Raumtemperatur muß auch eine ideale Luftfeuchtigkeit herrschen. Sie sollte zwischen 75 und 80 % relativer Luftfeuchte liegen (Messen mit Hygrometer). Ist die Luftfeuchtigkeit höher, besteht die Gefahr, daß die Würste schmierig werden und schimmeln. Zu geringe Luftfeuchtigkeit bringt hohe Trockenverluste mit sich. Die Randzonen der Würste trocknen besonders stark aus, und ihr Inhalt wird dann gern ranzig und hohl. Des weiteren achte man darauf, daß die Würste zwar luftig aufgehängt, jedoch niemals Zugluft ausgesetzt sind. Bei Zugluft können sonst die gleichen Wurstfehler auftreten wie bei zu geringer Luftfeuchtigkeit. Achtung bei zentral durchgeheizten Häusern! Hier ist oft die Luftfeuchtigkeit sehr niedrig, und es fehlen die Voraussetzungen für die Rohwurstlagerung völlig. Rohwürste müssen auch vor hellem Licht geschützt werden. Die ultravioletten Strahlen fördern die Fettzersetzung und verursachen das Ranzigwerden. Ranziges Wurstfett ist ungenießbar und an der gelben Farbe zu erkennen.

Nach dem Kalträuchern können die Rohwürste auch gut im Räucherschrank hängen bleiben, sofern die Raumtemperaturen nicht zu hoch liegen.

Dosenwürste

Dosenwurst wird in kühlen und trockenen Räumen gelagert. Die Dosen dürfen nicht zu eng gestapelt werden, damit die Luft zirkulieren kann. Zu enge Stapelung und feuchte Kellerräume bedingen starkes Rosten der Dosen.

Für heimwerkende Wurstliebhaber – ein Warmrauchofen selbstgebaut

Wenn Sie bei Grillwürsten und bei Brühwürsten nicht auf das bekannte Raucharoma verzichten wollen, können Sie sich fast zum Nulltarif einen Warmrauchofen basteln. Sie können damit alle Grill- und Bratwürste sowie auch Fische und z. B. gepökelte, rohe Rinder- und Schweinezunge räuchern.

Wie geht man vor? Besorgen Sie sich zwei zylindrische Dosen oder Blechkannen mit ungefähr folgenden Maßen: Höhe 70–100 cm, Durchmesser 30–40 cm. Achten Sie darauf, daß auf der Innenseite der Blechdosen keine Lackreste oder sonstige Chemikalien anhaften, die beim Räuchern gefährliche Dämpfe abgeben könnten. Haben Sie zwei gleichgroße Behälter gefunden, bohren Sie mit einem Metallbohrer, der einen Durchmesser von 10 mm hat, bei der einen Blechkanne jeweils 1 cm unterhalb des Deckels bzw. über dem Boden ein Loch. Anschließend sägen Sie Deckel und Boden der Blechkanne ab. Eine Stichsäge mit Metallsägeblatt eignet sich gut dafür. Auf dem Deckel befestigen Sie einen Haltegriff, der am zweckmäßigsten angeschraubt wird. Dann befestigen Sie auf der Innenseite des Deckels Metallhaken, die aber nicht zu klein sein sollten, damit die Würste daran aufgehängt werden können. Sehr vorteilhaft ist es, wenn Sie die Metallhaken auf der Oberseite des Deckels verschrauben. In den Deckel bohren Sie dann noch ungefähr 10–15 10 mm große Löcher, damit der Warmrauch abziehen kann. Nun sägen Sie aus der zweiten Blechkanne den Deckel heraus und sägen ein 10 cm langes Stück ab. Dieser Teil dient als Sockel für den Warmrauchofen. In die Außenwand des Sockels bohren Sie ringsherum noch 15 bis 20 Löcher, damit die Luft für den Spiritusbrenner einströmen kann. Ein ausreichend großes Blech wird jetzt mit einem Nagel durchlöchert und auf den Sockel gelegt. Unter dieses Blech in den Sockel stellen Sie den Spiritusbrenner eines Fondue-Gerätes. Diese Spiritusflamme läßt das Sägemehl verglimmen, welches auf das Lochblech ca. 3–4 cm hoch aufgeschüttet wird. Daneben liefert sie die Wärme für den Warmrauch. Auf das gelochte Blech stellen Sie die Blechkanne, aus der Sie Deckel und Boden herausgesägt haben. Der Deckel mit Haltegriff verschließt den Räucherofen.

Funktion: Möchten Sie Würste räuchern, so ist zuerst der Spiritusbehälter zu füllen. Dann streuen Sie 4–5 Hände voll Sägemehl auf das Sockelabdeckblech, zünden den Spiritus an und hängen die Grillwürste an der Abdrehstelle an den Haken auf. Brühwürste können an der Schlaufe gut aufgehängt werden. Grillwürste werden ca. 60 Minuten geräuchert. Brühwürste läßt man ungefähr zwei Stunden im Warmrauch. Vorsicht!! Spiritus niemals in offenes Feuer oder glimmendes Sägemehl schütten! Explosionsgefahr!!

Der selbstgebaute Warmrauchofen darf nur im Freien aufgestellt und betrieben werden. Er ist vor Windeinfluß zu schützen, da die Spiritusflamme leicht erlischt.

Rezeptteil

So e Bratworscht muß indesse jeder ohne Gabel esse; nor die rächte Hand und linke sind als Gawle mit fünf Zinke noch gestatt' – und des is gut, weil sich kääns da steche dhut.

Friedrich Stoltze

Grill- oder Bratwürste

Wichtige Hinweise

Die vorgestellten Grill- oder Bratwurstrezepte basieren alle auf einer Wurstmasse von 1 kg. Wird nur 1 kg Wurst gemacht, so hat dies den Vorteil, daß jederzeit frische Wurst zur Verfügung steht. Der nötige Zeitaufwand ist sehr gering, vor allem bei Verwendung bereits gehackten Fleisches. 1 kg Wurstmasse ergibt, bei einem Paargewicht von 150–160 g, ca. sechs Paar Grillwürste. Diese Menge reicht für eine Mahlzeit einer vier- bis fünfköpfigen Familie voll aus. Steht eine Grillparty bevor oder soll ein günstiges Fleischangebot genutzt werden, können die Mengenangaben der Rezeptur jederzeit verdoppelt oder vervielfacht werden.

Es empfiehlt sich, das Fleisch-Speck-Gemisch, wie schon erwähnt, bereits im Geschäft durch den Fleischwolf drehen zu lassen.

Alle hier beschriebenen Wurstrezepte sind Vorschläge, deren Würzung veränderbar ist. Das Wursthobby ist durch diese Möglichkeit besonders interessant und individuell zu gestalten.

Ein Unterschied zwischen Grill- und Bratwürsten besteht nur im Hinblick auf die Zubereitungsart. Grillwürste werden roh gegrillt, Bratwürste erst gebrüht und dann gebraten.

Grill- oder Bratwürste würzt man in der Regel mit Salz. Es ist aber auch möglich, die gleiche Menge Pökelsalz zu verarbeiten. Mit Pökelsalz gefertigte Würstchen sehen schöner aus, sind bei Lufttrocknung mehrere Wochen haltbar und schmecken sowohl roh als auch gebrüht köstlich. Zum Grillen bzw. Braten eignen sie sich dann allerdings nicht mehr, da sie während der Lufttrocknung stark austrocknen und hart werden.

Achtung: Bei Rezepten mit einem Speckanteil von 200 g pro Kilogramm Wurstmasse muß der Speck durch die 8-mm-Scheibe gelassen werden. Die Bindung des Fettes in der Wurst wird hierdurch wesentlich verbessert. Aus dem gleichen Grund sei empfohlen, bei Rezepten mit 150 g Speckanteil pro Kilogramm Wurstmasse den Speck durch die 4,5-mm-Scheibe zu drehen.

Kniffe und Tips

1. *Schweinedünndärme 2 Stunden vor der Verarbeitung in eine Schüssel sehr warmes Wasser legen.*
2. *Auf sehr scharfe Kreuzmesser achten (öfter nachschleifen lassen).*
3. *Nur gut gekühltes Fleisch bzw. Hackfleisch verarbeiten, da sonst das Fett beim Stopfen der Wursthüllen den Füllvorgang erschwert.*
4. *Gewürztes Hackfleisch von Hand ca. fünf Minuten kräftig vermengen und durchkneten.*
5. *Grill- bzw. Bratwürste nicht zu stramm füllen, da sonst Wursthüllen beim Abdrehen reißen.*
6. *Technische Hinweise zum Stopfen der Wursthüllen beachten.*
7. *Fertige Wurst bald verbrauchen, brühen oder einfrieren.*

Grobe Bauernbratwurst

Was brauche ich?

500 g mageres Schweinefleisch von Schulter oder Schlegel · 300 g mageres Rindfleisch · 200 g Schulterspeck oder sehr fetter Schweinebauch ohne Schwarte · 20 g Salz (1 schwach gehäufter Eßl.) · 1/2 gestr. Eßl. weißer, gemahlener Pfeffer · 1/2 gestr. Teel. gemahlene Muskatnuß · 1 Teel. Mayoran · 1 Teel. geriebene Zitronenschale · 1 Eßl. Milch

So wird's gemacht!

Schweinefleisch, Rindfleisch und Speck durch die 8-mm-Scheibe drehen. Mit den gemischten Gewürzen, dem Salz und der Milch zu einer gut bindenden Masse vermischen. Nach Vorschrift in Schweinedünndärme füllen und abdrehen. Wurstmasse kann auch jederzeit eingedost werden.

Kochdauer: 400-g-Dose 120 Minuten.

Bio-Diätwurst

Was brauche ich?

250 g Geflügelfleisch · 250 g Hasenfleisch · 250 g Kalbfleisch · 125 g mageres Rindfleisch · 125 g mageres Schweinefleisch · 20 g Salz (1 schwach gehäufter Eßl.) · 1 Teel. Zucker · 2 gestr. Teel. weißer, gemahlener Pfeffer · 1 Eßl. Milch

So wird's gemacht!

Fleisch nacheinander durch die 3- oder 4,5-mm-Scheibe drehen. Gemischte Gewürze und das Salz auf die Hackmasse streuen. Milch zugeben und die Masse von Hand tüchtig vermischen. Entweder in Schweinedünndärme füllen oder eindosen.

Kochdauer: 400-g-Dose 120 Minuten.

Jetzt kann sich jeder eine Extrawurst braten
K.-F. Schmidt

Prima Champagnerwurst

Was brauche ich?

850 g mageres Schweinefleisch von Schulter oder Schlegel · 150 g Schulterspeck ohne Schwarte · 20 g Salz (1 schwach gehäufter Eßl.) · 1/2 gestr. Eßl. weißer, gemahlener Pfeffer · 1/2 gestr. Teel. gemahlene Muskatnuß · 1/3 gestr. Teel. Zimt · 1 Teel. Thymian · 2 Eßl. Champagner

So wird's gemacht!

Schweinefleisch und Speck durch die 4,5-mm-Scheibe drehen. Salz mit den übrigen Gewürzen mischen und über die Hackmasse streuen. Champagner zufügen und alles gut 5 Minuten durchkneten und vermengen. Wurstmasse wird nach bekanntem Verfahren abgefüllt. Eindosen der Wurstmasse ist möglich.

Kochdauer: 400-g-Dose 120 Minuten.

Urige Kräuterwurst

Was brauche ich?

400 g mageres Rindfleisch · 400 g mageres Schweinefleisch von Schulter oder Keule · 200 g Schulterspeck oder fetter Schweinebauch ohne Schwarte · 20 g Salz (1 schwach gehäufter Eßl.) · 2 gestr. Teel. weißer, gemahlener Pfeffer · 1 Teel. Thymian · 1 Teel. Mayoran · 1/3 gestr. Teel. gemahlener Piment · 1 Messerspitze gemahlener Zimt

So wird's gemacht!

Rindfleisch und Schweinefleisch durch die 4,5-mm-, Speck durch die 8-mm-Scheibe drehen. Gewürze und Salz mischen, über Hackfleischmasse verteilen und alles ca. 5 Minuten tüchtig vermischen. Nach allgemeiner Anleitung abfüllen und auf gewünschte Länge abdrehen. Wurstmasse kann eingedost werden.

Kochdauer: 400-g-Dose 120 Minuten.

Pikante Paprikawurst

Was brauche ich?

850 g mageres Schweinefleisch von Schulter oder Schlegel · 150 g Schulterspeck oder sehr fetter Schweinebauch ohne

So wird's gemacht!

Schweinefleisch und Speck bzw. fetten Schweinebauch durch die 4,5-mm-Scheibe drehen. Salz und Gewürze mischen, über das gehackte Fleisch ge-

Grillparty einmal anders: Mit selbstgemachten Würsten

Schwarte · 20 g Salz
(1 schwach gehäufter Eßl.) ·
1 gestr. Eßl. weißer, gemahlener Pfeffer · 1 gestr. Eßl. Edelsüß-Paprika · 1/2 gestr. Teel. gemahlener Piment

ben und ca. 5 Minuten gut durchmengen. Masse mittels Fleischwolf mit aufgesetztem engen Füllaufsatz in Schweinedünndärme füllen. Eindosen der Wurstmasse ist möglich.

Kochdauer: 400-g-Dose 120 Minuten.

Köstliche Promillewurst

Was brauche ich?

1000 g sehr mageren Schweinebauch ohne Schwarte ·
20 g Salz (1 schwach gehäufter Eßl.) · 1/2 gestr. Eßl. weißer, gemahlener Pfeffer · 1/2 gestr. Teel. gemahlene Muskatnuß ·
1 Teel. Mayoran · 1/3 Teel. gemahlener Piment · 2 Messerspitzen Knoblauchpulver · 5 fein zerriebene Wacholderbeeren ·
1 Eßl. Schnaps (Obstler)

So wird's gemacht!

Schweinebauch evtl. schon im Geschäft durch die 8-mm-Scheibe drehen lassen. Zu Hause das gehackte Fleisch-Speck-Gemisch in einer ausreichend großen Schüssel flach ausstreichen. Gewürze und Salz mischen und gleichmäßig über das Hackfleisch streuen. Alkohol zugeben und die Masse von Hand gut 5 Minuten durchmischen. Wurstmasse unter Zuhilfenahme des engen Füllaufsatzes in gewässerte und ausgestreifte Schweinedünndärme füllen. Die Wurstmasse kann auch eingedost werden.

Kochdauer: 400-g-Dose 120 Minuten.

Deftige Rostbratwurst

Was brauche ich?

300 g mageres Rindfleisch ·
500 g mageres Schweinefleisch · 200 g Schulterspeck oder sehr fetter Schweinebauch ohne Schwarte · 20 g Salz
(1 schwach gehäufter Eßl.)
1 gestr. Eßl. weißer, gemahlener Pfeffer · 2 Teel. ganzer Kümmel

So wird's gemacht!

Rindfleisch und Schweinefleisch durch die 4,5-mm-, Speck bzw. fetten Schweinebauch durch die 8-mm-Scheibe drehen. Gemischte Gewürze sowie Salz zugeben und 5 Minuten durcharbeiten. Wurstmasse nach Anleitung abfüllen und Würstchen von 25 cm Länge abdrehen. Masse kann eingedost werden.

Kochdauer: 400-g-Dose 120 Minuten.

Brühwürste

Wichtige Hinweise

Brühwürste sind, wie auch Koch- und Rohwürste, vom Zeitaufwand her betrachtet etwas aufwendiger. Sie müssen nach dem Stopfen in heißem Wasser gebrüht werden. Was passiert nun bei dieser Hitzebehandlung? Durch den Brühvorgang gerinnt das beim Zerhacken des Fleisches freigelegte Fleischeiweiß. Die Wurst bekommt hierdurch ihr Gerüst und die nötige Schnittfestigkeit. Sämtliche für den Wurstfreund in Frage kommenden Brühwursthüllen haben einen Durchmesser von 50 mm. Eine Faustregel besagt, daß Brüh- und Kochwürste pro mm Durchmesser 1 Minute zu brühen sind. Eine Brühdauer von 50 Minuten wäre also ausreichend. Der größeren Sicherheit wegen, und weil man sich's leichter merken kann, sollte genau 60 Minuten bzw. eine Zeitstunde gebrüht werden. Die Würste sind zunächst in ca. 40° C warmes Wasser zu legen. Die Temperatur wird nach und nach auf 75° C erhöht. In der Zwischenzeit rötet die Brühwurst um und bekommt das gewünschte rötliche Aussehen. Erst wenn die Wassertemperatur 75° C erreicht hat, beginnt die eigentliche Brühzeit von 60 Minuten. Es ist immer darauf zu achten, daß die Wassertemperatur nie unter 70° C sinkt, aber auch nicht wesentlich über 75° C steigt. Ist die angegebene Brühzeit erreicht, werden die Würste aus dem Topf genommen und sofort in einer mit kaltem Wasser gefüllten großen Schüssel abgekühlt. Sind die Würste bis auf eine geringe Restwärme ausgekühlt, nimmt man sie aus dem Wasser und läßt sie liegend in einem kühlen Raum noch etwas nachtrocknen (ca. 3 Stunden). Danach legt man sie in den Kühlschrank, wo sie sich einige Wochen halten. Nähere Hinweise entnehme man den Tips zur Wurstlagerung! Sollen die Brühwürste geräuchert werden, muß die Brühwurstmasse in rauchdurchlässige Naturin-R_2-Hüllen gefüllt, anschließend warmgeräuchert und dann erst gebrüht werden. Brühdauer und Technik entsprechen den ungeräucherten Brühwürsten. Wichtig ist bei geräucherten Brühwürsten nur, daß sie sofort nach dem Warmräuchern in 75° C heißes Brühwasser kommen. Die Umrötung erfolgte bereits während des Warmräucherns.

Kniffe und Tips

1. *Alle Wursthüllen zur Brühwurstherstellung vor der Verarbeitung eine halbe Stunde in lauwarmem Wasser wässern, anschließend das Wasser ausstreifen.*

2. Auf scharfe Kreuzmesser achten.
3. Gewürzte Wurstmasse von Hand fünf Minuten kräftig durcharbeiten.
4. Bei Brühwürsten kein Wasserzusatz.
5. Brühwürste fest füllen und knapp abbinden.
6. Hinweise zum Füllen der Wursthüllen beachten.
7. Brühwürste nach dem Brühen rasch in kaltem Wasser abkühlen.
8. Zur Kontrolle der Brühtemperatur Sterilisierthermometer benutzen.

Anmerkung: Bei Herstellung größerer Brühwurstmengen ist die Anschaffung eines Einkochautomaten mit Temperaturwählknopf zu empfehlen. Gute Geräte gibt es in allen Haushaltsgeschäften schon ab 100 DM. Auch für das Einkochen von Wurst in Dosen sind diese Geräte ideal.

Haus-Bierschinken

Was brauche ich?

1000 g mageres Schweinefleisch vom Schlegel · 700 g mageres Rindfleisch · 300 g Schulterspeck ohne Schwarte · 40 g Pökelsalz (ca. 2 schwach gehäufte Eßl.) · 1 gestr. Eßl. gemahlener, weißer Pfeffer · 1 gestr. Teel. gemahlene Muskatnuß · 2 Messerspitzen Knoblauchpulver

So wird s gemacht!

Mageres Schweinefleisch in Gefriertruhe bzw. Schrank 2 Stunden anfrieren lassen, herausnehmen und Würfel von 2 cm Kantenlänge schneiden. Würfel mit der Hälfte des Pökelsalzes fest einreiben und 2 Stunden im Kühlschrank durchpökeln lassen. Rindfleisch und Speck durch die 4,5-mm-Scheibe drehen, das restliche Pökelsalz zugeben und mit den Fleischwürfeln und den übrigen Gewürzen gut 5 Minuten durcharbeiten, bis die Würfel gut eingebunden sind. Wurstmasse in Kalle-Top-Faserhüllen stopfen und gleich brühen. Möchte man räuchern, Naturin-R_2-Hüllen benutzen und erst warmräuchern, dann brühen. Haus-Bierschinken kann auch gut eingedost werden.

Kochdauer: 400-g-Dose 120 Minuten.
Brühdauer der Würste: 60 Minuten.

Land-Brühpolnische

Was brauche ich?

800 g mageres Rindfleisch vom Schlegel · 800 g mageres Schweinefleisch von Schulter oder Schlegel · 400 g fetter Speck ohne Schwarte · 50 g Pökelsalz (ca. 2 stark gehäufte Eßl.) · 2 gestr. Eßl. weißer, gemahlener Pfeffer · 2 zerriebene Knoblauchzehen · 1 gestr. Teel. gemahlene Muskatnuß · 1 gehäufter Teel. ganzer Kümmel

So wird's gemacht!

Rindfleisch durch die 4,5-mm-, Schweinefleisch und Speck durch die 8-mm-Scheibe drehen. Gewürze und Pökelsalz vermischen und über die Hackmasse streuen. Alles intensiv ca. 5 Minuten vermengen und nach allgemeiner Anleitung in Schweinedünndärme füllen. Die Würstchen werden auf 20 cm Länge abgedreht, gut 1 Stunde warm geräuchert, anschließend 30 Minuten bei 75° C gebrüht. Wurstmasse kann eingedost werden.

Kochdauer: 400-g-Dose 120 Minuten.

Klausenwurst

Was brauche ich?

500 g mageres Rindfleisch · 500 g fetter Schweinebauch ohne Schwarte · 250 g Kalbfleisch · 250 g Hasenfleisch · 500 g Geflügelfleisch · 40 g Salz (ca. 2 schwach gehäufte Eßl.) · 1 gestr. Eßl. weißer, gemahlener Pfeffer · 1 Teel. ganze, weiße Pfefferkörner · Geriebene Schale von 1 Zitrone · 1/2 Tasse Rotwein

So wird's gemacht!

Das gesamte Fleisch durch die 4,5-mm-Scheibe drehen. Salz und Gewürze mischen und auf die Masse streuen. Wein zugeben und alle Zutaten ca. 5 Minuten kräftig durcharbeiten. Besteht keine Warmräuchermöglichkeit, Wurstmasse unter Zuhilfenahme des weiten Füllaufsatzes in Kalle-Top-Faserhüllen stopfen und anschließend 60 Minuten bei 75° C brühen. Ist ein Räucherofen vorhanden und möchte man räuchern, Wurstmasse in Naturin-R_2-Hüllen stopfen und ca. 2 Stunden bei 40° räuchern. Dann Würste in 75° C heißes Wasser legen und 45 Minuten ziehen lassen. Wurstmasse kann auch eingedost werden.

Kochdauer: 400-g-Dose 120 Minuten.

Hausmacher Kochsalami

Was brauche ich?

1000 g mageres Schweinefleisch von der Schulter · 600 g mageres Rindfleisch · 400 g Schulter- oder Rückenspeck ohne Schwarte · 40 g Pökelsalz (ca. 2 schwach gehäufte Eßl.) · 1 gestr. Eßl. weißer, gemahlener Pfeffer · 1 gestr. Teel. gemahlener Piment · 1 Teel. Mayoran · 1 gestr. Teel. gemahlene Muskatnuß · 1 Messerspitze Nelkenpulver · 2 zerriebene Knoblauchzehen

So wird's gemacht!

Schweinefleisch und Speck durch die 8-mm-Scheibe, Rindfleisch durch die 4,5-mm-Scheibe drehen. Salz und Gewürze vermengen und über die Masse geben. Wurstmasse mit Zutaten durcharbeiten und nach bekanntem Verfahren stramm in Kalle-Top-Faserhüllen stopfen, anschließend brühen. Nach Wunsch kann auch in rauchdurchlässige Naturin-R_2-Hüllen abgefüllt und vor dem Brühen 2 Stunden geräuchert werden. Konservierung der Wurstmasse in Dosen möglich.

Kochdauer: 400-g-Dose 120 Minuten.
Brühdauer der Würste: 60 Minuten.

Haus-Krakauer

Was brauche ich?

1000 g mageres Schweinefleisch von der Schulter · 500 g durchwachsener Schweinebauch ohne Schwarte · 500 g mageres Rindfleisch · 40 g Pökelsalz (ca. 2 schwach gehäufte Eßl.) · 2 gestr. Eßl. schwarzer, gemahlener Pfeffer · 1 gestr. Teel. Knoblauchpulver · 1 gehäufter Teel. ganzer Kümmel

So wird's gemacht!

Schweinefleisch durch die 4,5-mm-Scheibe drehen, Rindfleisch und Schweinebauch durch die 8-mm-Scheibe. Gewürze und Pökelsalz mischen und gleichmäßig über die Hackmasse verteilen. Alles 5 Minuten tüchtig durcharbeiten und in räucherbare Natrium-R_2-Hüllen stopfen, 2 Stunden warmräuchern und danach brühen. Falls keine Räuchermöglichkeit vorhanden, kann die Masse auch in Kalle-Top-Faserhüllen gefüllt und anschließend gebrüht werden. Wurstmasse kann auch eingedost werden.

Kochdauer: 400-g-Dose 120 Minuten.
Brühdauer der Würste: 60 Minuten.

Land-Mortadella

Was brauche ich?

500 g mageres Schweinefleisch von der Schulter · 500 g durchwachsener, entschwarteter Schweinebauch · 500 g Kalbfleisch · 500 g vorgekochter Speck vom Rücken (entschwartet) · 1 gepökelte, gekochte Schweinezunge · 20 g Salz (ca. 1 schwach gehäufter Eßl.) · 20 g Pökelsalz (ca. 1 schwach gehäufter Eßl.) · 1 gestr. Eßl. weißer, gemahlener Pfeffer · 1/2 gestr. Teel. gemahlene Muskatnuß · 1 Messerspitze Kardamom (wenn vorhanden)

So wird's gemacht!

Schweinefleisch bzw. Schweinebauch sowie das Kalbfleisch durch die 3-mm-Scheibe drehen. Gekochte, enthäutete Zunge und Speck in Würfel mit 1 cm Kantenlänge schneiden. Zungen- und Speckwürfel zur übrigen Hackmasse geben. Salz und Gewürze mischen und über das Gesamtmaterial streuen. Gut 5 Minuten durcharbeiten. Entweder in Kalle-Top-Faserhüllen stopfen und gleich brühen oder in Naturin-R_2-Hüllen geben, 1½–2 Stunden warmräuchern und dann erst brühen. Eindosen der Wurstmasse ist möglich.

Kochdauer: 400-g-Dose 120 Minuten.
Brühdauer der Würste: 60 Minuten.

Schinkenwurst nach Bauernart

Was brauche ich?

1000 g mageres Schweinefleisch vom Schlegel · 600 g mageres Rindfleisch · 400 g Schulterspeck ohne Schwarte · 40 g Pökelsalz (ca. 2 schwach gehäufte Eßl) · 2 gestr. Eßl. weißer, gemahlener Pfeffer · 1 fein zerriebene Knoblauchzehe · 1 gestr. Teel. gemahlener Piment · 2 gehäufte Eßl. Senfkörner

So wird's gemacht!

Schweinefleisch und Speck durch die 8-mm-Scheibe, Rindfleisch durch die 3-mm-Scheibe drehen. Alle Gewürze mit dem Pökelsalz mischen und auf der Masse verteilen. Zutaten 5 Minuten tüchtig durchschaffen und fest in Kalle-Top-Faserhüllen stopfen und brühen. Sollen die Würste geräuchert werden, muß die Wurstmasse in Naturin-R_2-Hüllen gefüllt, warmgeräuchert und anschließend gebrüht werden. Auch diese Wurstmasse eignet sich für das Eindosen.

Kochdauer: 400-g-Dose 120 Minuten.
Brühdauer der Würste 60 Minuten.

Knoblauchwürstchen

Was brauche ich?

1200 g mageres Schweinefleisch von Schulter oder Schlegel · 500 g Kalb- oder Rindfleisch · 300 g Schulterspeck ohne Schwarte · 40 g Pökelsalz (ca. 2 schwach gehäufte Eßl.) · 8 fein zerriebene Knoblauchzehen · 1 Tasse Bouillon

So wird's gemacht!

Fleisch durch die 4,5-mm-, Speck durch die 8-mm-Scheibe drehen. Gemischte Gewürze und Bouillon zugeben und alles intensiv vermischen. Nach Vorschrift in Schweinedünndärme füllen und auf 10 cm abdrehen. Würstchen in 75° C heißem Wasser 30 Minuten ziehen lassen. Wurstmasse kann auch eingedost werden.

Kochdauer: 400-g-Dose 120 Minuten.

Pasteten

Wichtige Hinweise

Pasteten sind brühwurstartige Erzeugnisse. Sie können außer in Dosen auch in gut gefettete Kasten- oder Aluformen gegeben und im Ofen bei ca. 200° C herausgebacken werden. Die Backformen werden auf einen Drahtuntersatz oder auf die untere Schiene des Backofens gestellt, damit die Pastete am Boden des Backgefäßes nicht anbacken kann. Über die Form ist während des Backens ein gefettetes Pergamentpapier zu legen. Ein zu starkes Bräunen bzw. Austrocknen wird dadurch verhindert. Die Backzeit richtet sich nach der Gesamtmasse der Pastete. Es wird so lange gebacken, bis an einem eingesteckten Holz- oder Metallspieß kein Rohmaterial mehr haften bleibt (ca. 1,5 Stunden bei 1 kg Masse). Nach dem Backen nimmt man die Pastete aus dem Ofen und läßt sie erkalten. Danach ist sie schnittfest.

Pasteten und Brühwürste können jederzeit eingefroren werden. Die Einfrierdauer sollte aber bei Pasteten nicht länger als ungefähr 2 Monate betragen. Das Eindosen ist jedoch dem Einfrieren immer vorzuziehen, da bei dieser Art der Konservierung der feine Geschmack der Pastete voll erhalten bleibt.

Geflügelleberpastete

Was brauche ich?

250 g Hähnchen-, Puten- oder Gänseleber · 250 g Speck ohne Schwarte · 250 g Kalbfleisch · 250 g Schweinefleisch · 20 g Salz (ca. 1 schwach gehäufter Eßl.) · 1 gestr. Eßl. weißer, gemahlener Pfeffer · 1/2 gestr. Teel. Currypulver · 1 Teel. Basilikum · 1 Prise Sellerie und Knoblauchsalz · 1 Teel. Majoran · 1/2 Tasse Weißwein · 1/2 Tasse Weinbrand (hochprozentig) · 3 kleinere Zwiebeln · 50 g Butter

So wird's gemacht!

Speck, Kalbfleisch und Schweinefleisch in Streifen schneiden. Gewürze und Salz mischen. 2/3 der Gewürzmischung sowie den Wein über das in Streifen geschnittene Speck- bzw. Fleischmaterial geben. Ungefähr 3 Stunden zugedeckt in den Kühlschrank stellen. Danach die Geflügelleber mit der restlichen Gewürzmischung bestreuen. Zwiebeln schälen und sehr fein hacken. Leber und Zwiebeln in der heißen Butter anbraten, herausnehmen, wobei darauf zu achten ist, daß die Butter in der Pfanne bleibt. Weinbrand zur heißen Butter in die Pfanne schütten, anzünden und über die Leber geben. Das gesamte Material zweimal durch die 3-mm-Scheibe drehen und 5 Minuten durchmischen. Masse in Dosen füllen und einkochen.

Kochdauer: 400-g-Dose 120 Minuten.

Waidmann-Pastete

Was brauche ich?

700 g Reh- oder Hirschfleisch von Schulter (Blatt) oder Schlegel (Keule) · 300 g sehr fetter, entschwarteter Schweinebauch · 100 g Schweineschmalz · 2 Eier · 3 Eßl. Weißwein · Saft einer Zitrone · 25 g Salz (ca. 1 gehäufter Eßl.) · 1 gestr. Teel. weißer, gemahlener Pfeffer · 2 gestr. Teel. schwarzer, gemahlener Pfeffer · 1 Teel. Thy-

So wird's gemacht!

Reh- oder Hirschfleisch enthäuten und mit dem Schweinebauch in kochendes Wasser legen. 30 Minuten kochen lassen. Fleisch aus dem Wasser nehmen und abkühlen lassen. Dann zweimal durch die 3-mm-Scheibe drehen. Schweineschmalz schaumig rühren und zufügen. Salz und Gewürze mischen und auf der Masse verteilen. Etwas Kochbrühe zugeben und alles 5 Minuten vermengen, bis eine dickbrei-

mian · 1/2 gestr. Teel. gemahlener Piment · 1 zerriebene Knoblauchzehe · 2 Messerspitzen Salbeipulver

ige Masse entsteht. In Dosen füllen, sofort einkochen.

Kochdauer: 400-g-Dose 90 Minuten.

Kalbs- oder Schweineleberpastete

Was brauche ich?

500 g Kalbs- oder Schweineleber · 500 g durchwachsener, entschwarteter Schweinebauch · 20 g Salz (ca. 1 schwach gehäufter Eßl.) · 1/2 gestr. Eßl. gemahlener, weißer Pfeffer · 1/2 gestr. Teel. gemahlene Muskatnuß · 1/2 Eßl. Mayoran · 1 Teel. Thymian · 1 kleine Zwiebel · 1 Ei · 50 g Weizenmehl · 1 Tasse kalte Fleischbrühe · 50 g Butter

So wird's gemacht!

Leber in Scheiben schneiden und mit der ebenfalls in Scheiben geschnittenen Zwiebel in der heißen Butter anrösten. Leber, Schweinebauch und Zwiebel durch die 3-mm-Scheibe drehen. Salz mit Gewürzen vermischen und über die Pastetenmasse geben. Tüchtig durchmengen und sofort in Dosen füllen.

Kochdauer: 400-g-Dose 120 Minuten.

Leberpastete mit Sardinen

Was brauche ich?

300 g Schweineleber · 150 g Rinderleber · 150 g mageres Schweinefleisch · 400 g Speck oder sehr fetter, entschwarteter Schweinebauch · 1 Sardine · 1 kleine Zwiebel · 20 g Salz (ca. 1 schwach gehäufter Eßl.) · 2 gestr. Teel. weißer, gemahlener Pfeffer · 1 Eßl. Mehl · 1 Teel. Mayoran · 1 Teel. Thymian · 2 Messerspitzen gemahlene Muskatnuß

So wird's gemacht!

Leber, Fleisch und Speck sowie Sardine und Zwiebel durch die 3-mm-Scheibe drehen. Gewürze und Salz mischen, gleichmäßig auf die Hackmasse streuen, Mehl zugeben und alles gut durcharbeiten. In Dosen füllen und einkochen.

Kochdauer: 400-g-Dose 120 Minuten.

Schweineleberpastete nach Schlemmerart

Was brauche ich?

500 g Schweineleber · 500 g gepökelter, geräucherter Schweinebauch (entschwartet) · 250 g Kalbfleisch · 20 g Salz (ca. 1 schwach gehäufter Eßl.) · 5 Eidotter · 2 mittlere Zwiebeln · 100 g Sardellen · 1 gestr. Eßl. weißer, gemahlener Pfeffer · 2 Messerspitzen gemahlene Muskatnuß

So wird's gemacht!

Schweineleber kurz überbrühen, Zwiebeln einige Minuten dünsten. Leber, Schweinebauch, Kalbfleisch, Zwiebeln und Sardellen durch die 3-mm-Scheibe drehen. Eidotter, Salz bzw. Gewürze zugeben und alles gut durchmengen. Sofort in Dosen füllen und einkochen.

Kochdauer: 400-g-Dose 120 Minuten.

Kochwürste

Wichtige Hinweise

Leberwürste

Für die Leberwurstherstellung ist die Verarbeitung von frischen Materialien grundsätzlich erforderlich. Am besten wäre noch schlachtwarmes Material, da hier die Aromastoffe voll zur Entfaltung gelangen. Für den Wurstfreund wird es aber nicht immer möglich sein, noch warme Leber bzw. Speck zu erhalten. Es ist dann folgender Kompromiß empfehlenswert. Die Herstellung von Leberwurst legt man auf einen Montag. Der Montag ist normalerweise der Schlachttag für Schweine. Geht man so vor, ist am ehesten die Gewähr gegeben, daß frische Leber zum Verkauf gelangt. Voraussetzung für eine gut bindende oder schnittfeste Leberwurst ist immer rohe Leber und nicht allzu stark vorgekochtes Fleisch- bzw. Speckmaterial. Bei sachgerechter Zerkleinerung der Leber ist bei Leberwurst schon eine ausreichende Bindung bei einem Leberanteil von 25 %, bezogen auf die Gesamtmasse, zu erreichen. Der Leberanteil könnte sogar noch etwas verringert werden; es müßte dann jedoch mit Magerfleisch ausgeglichen werden. Für die Leberwurstmacherei ist nur Schweineleber zu empfehlen. Sie hat den höheren Geschmackswert und ist nicht so dunkel wie Rinderleber. Fettes Schweinefleisch wird bei schwach kochendem Wasser immer vorgekocht. Zu starkes Vorkochen ist zu vermeiden, da sonst Wurstfehler möglich sind. Die Kochzeiten werden bei den Rezepten angegeben. Wichtig ist, daß das vorzukochende Speck-Fleisch-Gemisch immer bereits kochendem Wasser zugegeben werden muß. Die Poren schließen sich dann sofort, und der wertvolle Fleischsaft kann nicht mehr austreten.

Nach dem Füllen mittels Handfülltrichter müssen Leberwürste einer Hitzebehandlung unterzogen werden. Fehler, die sich hier einschleichen, sind nicht korrigierbar.

Beim Einlegen der Leberwürste in das Brühwasser soll es schwach sieden. Die eingelegten Würste bleiben einige Minuten in diesem schwach kochenden Wasser, dessen Temperatur durch Zugabe von etwas kaltem Wasser auf 80° C gesenkt wird (Sterilisierthermometer benutzen!). Dem sofortigen Brühen nach dem Füllen der Würste ist größte Bedeutung beizumessen. Unter Umständen genügen schon wenige Minuten, um den Wurstverderb durch Bakterien einzuleiten. Diese Gefahr der Wurstsäuerung ist in der warmen Jahreszeit besonders groß. Leberwurst soll während des Brühvorgangs eine Kerntemperatur (Temperatur im Wurstinneren) von 70° C erreichen, was einer Brühwassertemperatur von ca. 80° entspricht.

Höhere Temperaturen als 82° C können wiederum zu Fehlern führen. Die Brühdauer der Leberwurst ist wie bei Brühwurst abhängig vom Kaliber (Durchmesser) der Würste. Bei einem Wurstkaliber von 50 mm wäre eine Brühdauer von 60 Minuten voll ausreichend. Wurde in Schweinedünndärme gefüllt, genügt eine Hitzebehandlung von 30 Minuten vollauf. Ist die erforderliche Brühzeit erreicht, müssen die Leberwürste gut durchgekühlt werden. Hierzu legt man die Würste zunächst in lauwarmes Wasser und gibt nach und nach immer mehr kaltes zu. Während des Kaltwasserbades sind die Würste öfter zu wenden, damit sich das Fett gleichmäßig in der Wurst verteilt. Sind die Würste gut ausgekühlt, legt man sie in einem kühlen, luftigen Raum auf Holzbretter. Sie trocknen so nach und können in einigen Stunden evtl. geräuchert werden.

Ist beabsichtigt, Leberwurstmasse einzudosen, müssen die Dosen nach der vorgeschriebenen Kochdauer in kaltem, möglichst fließendem Wasser gut durchgekühlt und dabei öfter gewendet werden.

Tip: Sehr dickbreiige Leberwurstmassen können auch einigermaßen gut mit Hilfe eines Fleischwolfes in Schweinedünndärme gefüllt und nach dem Brühen frisch gegessen oder im Kaltrauch geräuchert werden.

Blutwürste

Die Blutwurst ist aller Wahrscheinlichkeit nach die älteste Wurstsorte. Bei ihrer Herstellung gilt das Gebot der Hygiene besonders, weil das benötigte Blut sehr bakterienanfällig ist und leicht verderben kann. Als Grundsatz bei der Blutwurstmacherei gilt, daß nur frisches Schweineblut verarbeitet werden soll. Schweineblut ist Rinderblut deshalb vorzuziehen, weil es die Wurst im Anschnitt glänzend macht. Außerdem erhält die Wurst eine hellere Farbe.

Das Blut holt man sich noch am Schlachttag (montags) beim Fleischer bzw. Schlachter. Es muß bis zur Verarbeitung gut gekühlt und hygienisch aufbewahrt werden. Beim Vorkochen des Speck-, Fleisch- und Schwartenmaterials ist zu beachten, daß nicht zu stark vorgekocht wird, da dies auf Kosten des Wurstgeschmacks und der Bindung geht. Das vorzukochende Material ist, wie bei Leberwurst, bereits kochendem Wasser zuzusetzen.

Die Blutwurst erhält ihre Schnittfestigkeit in der Hauptsache durch das bei der Erhitzung (Brühung) gerinnende Bluteiweiß. Auch spielen die kollagenen Eiweiße der mitverarbeiteten Schwarten eine Rolle. Fehlfabrikate bei Blutwurst haben ihre Ursache oft in falscher Brühtechnik. Um keine Fehler zu machen, legt man Blutwürste, wie auch schon bei Leberwürsten beschrieben, einige Minuten in schwach siedendes Wasser und läßt dann die Temperatur auf 85° C absinken.

Da die in Frage kommenden Wursthüllen dieselben sind, wie sie bei Leberwürsten verwendet werden, reicht eine Brühdauer von 60 Minuten voll aus. Um das einseitige Absetzen der Speckwürfel in der Wurst zu verhindern, sollte sie während der ersten 15 Minuten im Brühwasser leicht um die eigene Achse gedreht werden.

Entscheidend für ein gelungenes Blutwurstfabrikat ist eine Kerntemperatur im Wurstinneren von 75° C. Sie wird erreicht bei Wassertemperaturen von ca. 85° C. Zwecks Auskühlung sind auch die Blutwürste in kaltes Wasser zu legen. Eine rasche Abkühlung ist bei dieser Wurstsorte vordringlich. Zur Abtrocknung und völligen Auskühlung legt man sie wie Leberwürste auf Holzbretter in einen kühlen, luftigen Raum.

Blutwurstmassen können in Sterilhüllen oder in räucherbare Hautfaserhüllen abgefüllt werden. Es sollte darauf geachtet werden, Blutwürste nicht zu knapp abzubinden, da sich ihr Inhalt beim Brühvorgang ausdehnt. Das Füllen der Wursthüllen und der Dosen erfolgt mit dem Handfülltrichter.

Wird Blutwurst eingedost, müssen die Dosen nach dem Kochen in möglichst fließendem Wasser rasch durchgekühlt werden.

Kniffe und Tips

1. *Wursthüllen für Kochwürste vor der Verarbeitung 30 Minuten lauwarm wässern, anschließend ausstreifen.*

2. Zur Mischung von Leber- und Blutwurstmassen können Rührgeräte (Küchenmaschinen) eingesetzt werden.
3. Kochwürste während des Brühens öfter umdrehen.
4. Nach der Brühzeit sofort in kaltes Wasser legen, dabei wenden.
5. Tips zur Wurstlagerung beachten.

Land-Leberwurst

Was brauche ich?

1/2 Schweinskopf (= ca. 1000 g Fleisch) · 1000 g Schweineleber · 1000 g fetter Schweinebauch mit Schwarte · 1/2 kleinere Sellerieknolle · 2 große Karotten · 1 kleine Stange Lauch · 4 Knoblauchzehen · 60 g Salz (ca. 3 schwach gehäufte Eßl.) · 2 gestr. Eßl. schwarzer gemahlener Pfeffer · 2 Eßl. Mayoran · 2 Tassen Kochbrühe

So wird's gemacht!

Schweinskopfhälfte, Bauch, Karotten und Sellerie ca. 2 Stunden kochen lassen. Fleisch vom Kopfknochen lösen. Zwiebeln und Knoblauch schälen und in heißer Butter andünsten, bis sie glasig aussehen. Jetzt alle Zutaten ohne Gewürze und Salz durch die 4,5-mm-Scheibe drehen und unter Hinzufügung der Gewürze und der Kochbrühe alles gut durchmischen. Wurstmasse nach Anleitung in entsprechende Wursthüllen abfüllen oder eindosen.

Kochdauer: 400-g-Dose 90 Minuten.
Brühdauer der Würste: 60 Minuten.

Zwiebel-Leberwurst

Was brauche ich?

500 g Schweineleber · 300 g Kalbfleisch · 2000 g fetter Schweinebauch mit Schwarte · 250 g Zwiebeln · 60 g Salz (ca. 3 schwach gehäufte Eßl.) · 2 gestr. Eßl. weißer gemahlener Pfeffer · 1 Eßl. Majoran · 2 gestr. Teel. gemahlener Piment · 1 gestr. Teel. gemahlene Muskatnuß · 1 Teel. Ingwer (gemahlen) · 1 gestr. Teel. gem. Zimt · 2 Tassen Kochwasser

So wird's gemacht!

Schweinebauch ca. 70 Minuten kochen, Leber und Kalbfleisch 5 Minuten brühen. Zwiebeln schneiden und kurz anbraten. Alle Zutaten durch die 3-mm-Scheibe drehen und mit den Gewürzen und Salz unter Zugabe des Kochwassers gut vermischen. Wurstmasse nach Anleitung eindosen oder in entsprechende Wursthüllen abfüllen.

Kochdauer: 400-g-Dose 90 Minuten.
Brühdauer der Würste: 60 Minuten.

Der Magen einer Sau, die Seele einer Frau,
der Inhalt einer Leberworscht
sind noch gänzlich unerforscht
(Volksmund)

Bauern-Leberwurst

Was brauche ich?

800 g Schweineleber · 200 g mageres Schweinefleisch · 2000 g fetter Schweinebauch mit Schwarte · 2 große Zwiebeln · 60 g Salz (ca. 3 schwach gehäufte Eßl.) · 3 gestr. Eßl. weißer, gemahlener Pfeffer · 1 gestr. Eßl. gemahlener Ingwer · 1 gestr. Eßl. gemahlene Muskatnuß · 2 Eßl. Mayoran · 2 Tassen Kochwasser

So wird's gemacht!

Rohe Leber mit den geschnittenen, in Fett gedünsteten Zwiebeln durch die 3-mm-Scheibe drehen. Das gleiche geschieht mit dem mageren Schweinefleisch sowie dem fetten Schweinebauch, die vorher 60 Minuten bei stark wallendem Wasser gekocht wurden. (Fleisch nur kochendem Wasser zusetzen!) Salz und Gewürze hinzufügen und unter Zugabe des Kochwassers tüchtig vermengen. Masse kann sowohl in Naturin-Tripan-Hüllen (ohne Räucherung), als auch in Naturin-R_2-Hüllen gefüllt werden (mit Räucherung). Masse kann jederzeit eingedost werden!

Kochdauer: 400-g-Dose 90 Minuten.
Brühdauer der Würste: 60 Minuten.

Diät-Hauswurst

Was brauche ich?

500 g Hühnerfleisch · 500 g Hasenfleisch (oder Kaninchen) · 500 g Kalbfleisch · 500 g Schweinebauch ohne Schwarte (sehr mager) · 3 Eidotter · 40 g Salz (ca. 2 schwach gehäufte Eßl.) · 1 gestr. Eßl. gemahlener, weißer Pfeffer · 2 gestr. Teel. gemahlene Muskatnuß · geriebene Schale einer halben Zitrone

So wird's gemacht!

Das gesamte Fleisch gut 30 Minuten bei stark wallendem Wasser kochen. Durch die 3-mm-Scheibe drehen. Eidotter mit dem Abschöpffett vermischen und zu gehacktem Fleisch geben. Salz und Gewürze über die Wurstmasse streuen und alles unter Hinzufügung einer Tasse Kochbrühe vermengen. Wurstmasse in Dosen füllen und einkochen.

Kochdauer: 400-g-Dose 90 Minuten.

Diät-Geflügelwurst

Was brauche ich?

2000 g Geflügelfleisch · 1000 g magerer Schweinebauch ohne Schwarte · 4 Eier · 60 g Salz (ca. 3 schwach gehäufte Eßl.) · 1 gestr. Eßl. weißer, gemahlener Pfeffer · 1 gestr. Eßl. Edelsüßpaprika · 200 g Zwiebeln

So wird's gemacht!

Geflügelfleisch und Schweinebauch 1 Stunde vorkochen und mit den Zwiebeln durch die 3-mm-Scheibe drehen. Eier und vorher gemischte Gewürze zugeben und innig vermischen. Wurstmasse in Dosen füllen und einkochen.

Kochdauer: 400-g-Dose 120 Minuten.

Meine Blutwurst, die is jut,
wo keen Fleesch is – da is Blut –
wo keen Blut is – da sinn Schrippen –
an meine Wurst is nicht zu tippen
(Text auf einem Blatt des Berliner Zeichners Zille)

Hausmacher Blutwurst

Was brauche ich?

1 l frisches Schweineblut · 1000 g sauber entfettete Schwarten · 1000 g fetter Schweinebauch mit Schwarte · 75 g Salz (ca. 3 gehäufte Eßl.) · 2 gestr. Eßl. gemahlener schwarzer Pfeffer · 1 gestr. Teel. gemahlene Nelken · 1 gestr. Eßl. gemahlener Piment · 1 Eßl. Mayoran · 2 gestr. Teel. gemahlener Ingwer

So wird's gemacht!

Fetten Schweinebauch und gewaschene Schwarten 60 Minuten kochen. Schweinebauch in kleine Würfel von ca. 1 cm Kantenlänge schneiden. Schwarten durch die 3-mm-Scheibe drehen und zum angewärmten Blut geben. Die geschnittenen Würfel ausreichend mit heißem Wasser übergießen und abseihen. Zum Blutschwartenbrei schütten und unter Zugabe des Salzes und der Gewürze gut vermengen. Masse kann in verschiedene Wursthüllen gefüllt oder eingedost werden.

Kochdauer: 400-g-Dose 120 Minuten.
Brühdauer der Würste: 60 Minuten.

Hausgemachter Schwartenmagen

Was brauche ich?

1000 g fetter Schweinebauch mit Schwarten oder Backe · 1000 g mageres Schweinefleisch von Schulter oder Keule · 500 g mageres Rindfleisch · 500 g sauber entfettete Schwarten · 60 g Pökelsalz (ca. 3 schwach gehäufte Eßl.) · 2 gestr. Eßl. weißer gemahlener Pfeffer · 1 Eßl. ganzer Kümmel · 1 gestr. Teel. Knoblauchpulver · 1 gestr. Eßl. gemahlene Muskatnuß

So wird's gemacht!

Das gesamte Fleisch sowie die Schwarten 60 Minuten kochen. Schweinebauch oder -backe in bleistiftstarke, 5 cm lange Streifchen schneiden. Rindfleisch und Schwarten durch die 3-mm-, das magere Schweinefleisch durch die 8-mm-Scheibe drehen. Salz und Gewürze auf die Masse geben und gut durcharbeiten. Masse in Dosen füllen und einkochen, oder in Wursthüllen stopfen und brühen.

Kochdauer: 400-g-Dose 90 Minuten.
Brühdauer der Würste: 60 Minuten.

Hausmacher Griebenwurst

Was brauche ich?

1000 g Grieben (Rückstand beim Auslassen von Schweinespeck) · 1000 g durchwachsener Schweinebauch ohne Schwarten · 1000 g Schweineleber · 60 g Salz (ca. 3 schwach gehäufte Eßl.) · 2 gestr. Eßl. weißer gemahlener Pfeffer · 1 Eßl. Mayoran · 1 Eßl. Thymian

So wird's gemacht!

Schweinebauch 60 Minuten bei schwach wallendem Wasser kochen. Schweineleber kurz mit heißem Wasser überbrühen und zusammen mit dem gekochten Bauch sowie den Grieben durch die 4,5-mm-Scheibe drehen. Gewürze und Salz mischen und über die Masse streuen, alles gut vermengen. In entsprechende Wursthüllen abfüllen oder eindosen.

Kochdauer: 400-g-Dose 120 Minuten.
Brühdauer der Würste: 60 Minuten.

Rotwurst mit Herz

Was brauche ich?

1000 g Schweineherz · 700 g Rückenspeck mit Schwarte ·

So wird's gemacht!

Schwarten und Rückenspeck 30 Minuten kochen lassen. Herz in vier Teile

Leber- und Blutwürste

Blutwurst und Schwartenmagen

700 g Schwarten · 1/2 l Schweineblut · 75 g Pökelsalz (ca. 3 gehäufte Eßl.) · 1 gestr. Eßl. schwarzer gemahlener Pfeffer · 2 Teel. Mayoran · 1 gestr. Eßl. gemahlener Piment

schneiden, waschen, zu Schwarten und Rückenspeck geben und weitere 30 Minuten kochen. Schwarten durch die 3-mm-Scheibe drehen, Herz in 1,5 cm große Würfel schneiden, Rükkenspeck in 1 cm Würfel. Speckwürfel kurz sehr heiß überbrühen. Schwarten, angewärmtes Blut, Gewürze und 2 Tassen Kochbrühe zum Kochen bringen und abkühlen lassen. Mit Herz- und Speckwürfeln mischen, Salz nicht vergessen. Masse kann sowohl in Wursthüllen als auch in Dosen gefüllt werden.

Kochdauer: 400-g-Dose 120 Minuten.
Brühdauer der Würste: 60 Minuten.

Haus-Zungenwurst

Was brauche ich?

1 gepökelte Rinderzunge (ca. 1 kg schwer) · 1 l Schweineblut · 1000 g Schwarten · 50 g Salz (ca. 2 gehäufte Eßl.) · 2 gestr. Eßl. weißer gemahlener Pfeffer · 1 gestr. Eßl. gemahlener Piment · 1 Teel. Mayoran · 1 Teel. Thymian · 2 gestr. Teel. gemahlene Nelken · 1 Prise Zimt · 1 gestr. Teel. gemahlener Ingwer

So wird's gemacht!

Rinderzunge am besten im Dampfdrucktopf kochen. Noch warme Zunge enthäuten und in Würfel von 1–1,5 cm Kantenlänge schneiden. Schwarten im normalen Kochtopf 60 Minuten weichkochen, zweimal durch die 3-mm-Scheibe lassen. Heißes Blut über die Zungenwürfel schütten und zum Schwartenbrei geben. Salz und Gewürze dazu und alles gut durcharbeiten. In Wursthüllen oder Dosen abfüllen und nach Vorschrift weiter behandeln.

Kochdauer: 400-g-Dose 120 Minuten.
Brühdauer der Würste: 60 Minuten.

Rohwürste

Wichtige Hinweise

Die Rohwurstherstellung verlangt vom Wurstfreund die meiste Umsicht und Konzentration. Da das Material für Rohwurst keiner Hitzebehandlung unterzogen wird, können vorhandene Bakterien, insbesondere durch mangelnde Hygiene, das Wurstgut rasch verderben. Nachfolgend werden einige wichtige Grundsätze für die häusliche Rohwurstherstellung besprochen, deren Beachtung allein einen Erfolg erwarten läßt.

Rohwurst kann vom Wurstfreund nur in der kalten Jahreszeit ohne größeres Risiko hergestellt werden (November bis Februar). Temperaturen über ca. 12° C gefährden die häusliche Rohwurstproduktion mit Naturreifung in jedem Fall. Für Rohwürste darf ferner nur Fleisch von älteren Schlachttieren Verwendung finden. Nur dieses Fleisch hat den erforderlichen niedrigen Wassergehalt, die nötige Festigkeit und den höheren Säuregrad. Schweinefleisch soll von alten Muttersauen oder verschnittenen Ebern stammen. Bei Rindfleisch muß Fleisch von alten Kühen verwendet werden.

Für Rohwurst empfiehlt es sich, zwei Tage altes Schweinefleisch und drei Tage altes Rindfleisch zu verarbeiten, da zu diesen Zeitpunkten der Säuregrad im Fleisch ziemlich hoch und damit der PH-Wert relativ niedrig liegt. (Viel Säure bewirkt eine bessere Haltbarkeit der Wurst.) Der Speck muß fest, kernig und weiß sein und soll von älteren Schlachtschweinen stammen. Rückenspeck von Altsauen oder kastrierten Ebern erfüllt die gestellten Forderungen. Weicher, schmalziger Rückenspeck von sehr jungen Schlachtschweinen ergibt eine weiche und schmierige Rohwurst, die leicht verdirbt. Fleisch bzw. Speck für Rohwurst muß hygienisch unbedenklich sein. Blutiges oder sonst irgendwie verändertes Fleisch ist ungeeignet!

Das Fleisch- und Speckmaterial muß beim Durchdrehen durch den Fleischwolf eine Temperatur von ca. –3° C haben. Vor dem Verarbeiten legt man es deshalb in die Gefriertruhe oder den Gefrierschrank. Die Fleischtemperatur ist mit einem Thermometer zu kontrollieren. Beim Abfüllen darf die Rohwurstmasse eine Temperatur von +4° C nicht überschreiten. Diese Forderung ist nur in sehr kalten Räumen zu erfüllen.

Die Schneidwerkzeuge (Kreuzmesser und Lochscheibe) müssen einwandfrei, d. h. sehr scharf und rostfrei sein. Der Überwurfring ist ausreichend fest anzuziehen. Nur wenn diese Bedingungen erfüllt sind, ist mit einem Erfolg zu rechnen. Bei stumpfen Schneidwerkzeugen wird das

Fleisch mehr gequetscht als geschnitten und eine daraus gefertigte Wurst wird leicht schmierig, grau und gelb. Es ist also dringend anzuraten, das Kreuzmesser öfter nachschleifen zu lassen oder ein neues zu kaufen.

Die für die Rohwurstherstellung verwendeten Gewürze dürfen niemals alt oder verunreinigt sein. Es versteht sich von selbst, daß auch der Fleischwolf sowie alle übrigen Gerätschaften sauber und hygienisch in Ordnung sind.

Nach dem Einfüllen der Rohwurstmassen müssen die Würste sehr knapp und fest abgebunden werden. Lufteinschlüsse beim Stopfen sind unbedingt zu vermeiden. Daneben achte man darauf, daß die Wursthüllen beim Füllprozeß nie mit fettigen Händen verschmiert werden. Sind die Würste gefüllt, hängt man sie auf Stöcke und bringt sie zum Umröten und Reifen in einen kühlen, dunkleren und gut belüftbaren Raum. Die Raumtemperatur kann im allgemeinen durch Öffnen und Schließen der Fenster geregelt werden. Ein Thermometer ist selbstverständlich. Von allergrößter Wichtigkeit ist es, daß der Raum gut gelüftet, jedoch niemals zugig ist. Raumtemperaturen von weniger als 8° C und mehr als 12° C sind zu vermeiden. Nach ungefähr einer Woche sind die Würste umgerötet, das bekannte Pökelrot hat sich gebildet. Der Wurstinhalt scheint jetzt rötlich durch die Wursthülle. Achtung bei zentral durchgeheizten Häusern! Hier ist die relative Luftfeuchtigkeit in den meisten Räumen zu gering. In zu trockenen Räumen trocknen die Randzonen der Würste stark aus, und es können Fehlfabrikate entstehen. Ideal sind nicht zu helle Kellerräume, die ein oder mehrere Fenster haben und eine gewisse Luftfeuchtigkeit aufweisen (ca. 80 %). Ist der Raum zu feucht, können die Würste schimmeln. Man achte also immer auf die Wurstoberfläche und registriere jede unerwünschte Veränderung. Wurstschimmel kann jederzeit abgewaschen werden.

Um keine Fehler zu machen und wirtschaftliche Schäden so gering wie möglich zu halten, empfiehlt es sich am Anfang für den Wurstfreund dringend, kleine Wurstmengen zu machen und eigene Erfahrungen zu sammeln. Eigene Erfahrungen sind bei der Rohwurstherstellung wertvolles Kapital.

Ist die Wurst umgerötet, dies kann je nach Raumtemperatur auch länger dauern als bei Rohwurstrezepten angegeben, muß sie im Kaltrauch bei Rauchtemperaturen von 15–18° C geräuchert werden. Liegen die Rauchtemperaturen höher, zerfließt das Wurstfett und verstopft von innen die Poren der Hülle. Die Folge ist, daß die Wurst „erstickt". Die Würste bleiben so lange im Rauch, bis sie eine schöne Rauchfarbe angenommen haben. Nach ungefähr einer Woche kann bei täglich einmaliger Räucherung eine optimale Färbung erzielt werden. Damit während des Räucherns kein zu trockenes Klima in der Rauchkammer entsteht, empfiehlt es sich, einen nassen Sack (nicht tropfend), der täglich neu befeuchtet wird, mit einzuhängen oder das Sägemehl auf der Oberfläche im Rauchofen leicht zu besprengen. Durch die Erhöhung der Luftfeuchtigkeit im Räucherofen wird verhindert, daß die Wursthüllen trocken und spröde werden.

Die Räucherung der Rohwürste dient in erster Linie der Haltbarkeit sowie dem Aroma. Nur bei Vorhandensein eines speziellen Kalträucherschrankes kann man Rohwürste herstellen. Die Firma Heinrich Salm, Durlacher Alle 55, Karlsruhe liefert Kalträucherschränke in verschiedenen Größen.

Nach abgeschlossener Kalträucherung hängt man die Rohwürste in kühle, dunkle Räume mit Temperaturen von 8–12° C. Auf leichte Luftbewegung ist zu achten. Die Rohwürste können auch sehr gut im Räucherschrank hängen bleiben, sofern die Raumtemperaturen nicht zu hoch liegen.

In den folgenden Wochen machen die Würste eine Naturreifung durch. Sie gewinnen noch an Aroma und Farbe und verlieren 25–40 % ihres Gewichts. Nach mehreren Wochen sind sie schnittfest und können verzehrt werden.

Kniffe und Tips

1. Rohwursthüllen vor der Verarbeitung 15 Minuten kalt wässern, anschließend ausstreifen.
2. Kreuzmesser öfter schleifen lassen oder auswechseln.
3. Wurstmassen nur mit trockenen Händen mindestens 10 Minuten durcharbeiten, größere Mengen entsprechend länger.
4. Bei Rohwurst niemals Wasserzugabe.
5. Rohwürste sehr fest stopfen und sehr straff abbinden.
6. Rohwurst nur im Kaltrauch räuchern.
7. Hinweise zur Wurstlagerung beachten.

Besonders wichtig! Zur Rohwurstherstellung nur angefrorenes Fleisch- und Speckmaterial verwenden! Ein kontinuierliches Einfüllen des Materials in den Fleischwolf – ohne Leerlauf – ist unbedingt zu gewährleisten. Evtl. Lufteinschlüsse beim Stopfen der Wursthüllen können durch Einstechen mit einer Nadel beseitigt werden.

Nur völlig sehnenfreies Rindfleisch zur Wurstherstellung nehmen; Sehnen vor dem Zerhacken entfernen.

In der allergrößten Not
schmeckt die Wurst auch ohne Brot
(Volksmund)

Bauern-Mettwurst

Was brauche ich?

1000 g mageres Schweinefleisch von Schulter oder Schlegel · 250 g mageres Rindfleisch · 750 g sehr fetter Schweinebauch ohne Schwarte · 60 g Pökelsalz (ca. 3 schwach gehäufte Eßl.) · 2 gestr. Eßl. weißer gemahlener Pfeffer · 1 gestr. Teel. gemahlene Muskatnuß · 1 Teel. Paprika Edelsüß (gemahlen)

So wird's gemacht!

Das stark gekühlte Fleisch- und Speckmaterial durch die 4,5-mm-Scheibe drehen. Gemischte Gewürze und das Pökelsalz auf die Hackmasse geben, 10 Minuten durchmischen. Mittels aufgesetztem weiten Füllaufsatz in kurze oder lange Naturin-R_2-Hüllen stopfen und straff abbinden. Würste bei ca. 15° C mehrere Tage umröten lassen, danach im Kaltrauch solange überräuchern, bis sie eine schöne goldgelbe Farbe angenommen haben.
Will man feinere Mettwurst, kann das Fleisch bzw. der Speck auch durch die 3-mm-Scheibe gegeben werden.

Haussalami

Was brauche ich?

1500 g mageres Schweinefleisch vom Schlegel · 500 g kerniger Rückenspeck ohne Schwarte · 60 g Pökelsalz (ca. 3 schwach gehäufte Eßl.) · 2 gestr. Eßl. geschroteter weißer Pfeffer · 1 Eßl. Kognak oder Rum

So wird's gemacht!

Schweinefleisch und Speck 4 Stunden in die Gefriertruhe legen. Schweinefleisch durch die 4,5-mm-Scheibe drehen. Speck in kleine Würfelchen von 0,5 cm schneiden. Gewürze und Pökelsalz sowie den Alkohol über das gehackte Schweinefleisch geben und alles 5 Minuten durchmischen. Speckwürfel dazugeben und nochmals 5 Minuten mengen, bis die Speckwürfel schön eingebunden sind. Wurstmasse fest in Naturin-R_2-Hüllen stopfen, straff abbinden. Würste 7 Tage in kühlem, leicht luftigem Raum umröten lassen, anschließend 1 Woche lang kalt räuchern.

Bauernsalami

Was brauche ich?

800 g mageres Schweinefleisch vom Schlegel · 700 g mageres Rindfleisch von der Keule · 500 g kerniger Rückenspeck ohne Schwarte · 60 g Pökelsalz (ca. 3 schwach gehäufte Eßl.) · 1 Eßl. Rum · 2 gestr. Teel. weißer gemahlener Pfeffer · 1 Teel. ganze, weiße Pfefferkörner

So wird's gemacht!

Fleisch und Speck 4 Stunden anfrieren. Schweinefleisch und Speck durch die 8-mm-Scheibe, Rindfleisch durch die 4,5-mm-Scheibe drehen. Pökelsalz und Gewürze zugeben und alles 10 Minuten tüchtig durchmengen. Wurstmasse in kurze oder lange Naturin-R_2-Hüllen stopfen und straff abbinden. 14 Tage in einen kühlen Raum hängen, anschließend 1 Woche lang mehrmals kalt überräuchern.

Einsiedlerwurst

Was brauche ich?

1000 g mageres Schweinefleisch vom Schlegel · 1000 g mageres Rindfleisch von der Keule · 500 g kerniger Rückenspeck ohne Schwarte · 75 g Pökelsalz (ca. 3 gehäufte Eßl.) · 2 gestr. Eßl. gemahlener weißer Pfeffer · 1 gestr. Eßl. gemahlener Piment · 2 fein zerriebene Knoblauchzehen

So wird's gemacht!

Fleisch und Speck 4 Stunden in die Gefriertruhe legen. Rind- und Schweinefleisch durch die 4,5-mm-Scheibe, Speck durch die 8-mm-Scheibe drehen. Sämtliche übrigen Zutaten mit der Hackmasse ca. 10 Minuten gut vermengen. In kurze oder lange Naturin-R_2-Hüllen stopfen. Wurst in kühlem, leicht luftigem Raum 14 Tage umröten lassen, danach 1 Woche kalt überräuchern.

Hirsch-, Reh- oder Schafsalami

Was brauche ich?

800 g Hirsch-, Reh- oder Schafskeule · 600 g mageres Schweinefleisch vom Schlegel · 600 g kerniger Rückenspeck ohne Schwarte · 60 g Pökelsalz (ca. 3 schwach gehäufte Eßl.) · 2 gestr. Eßl. weißer gemahlener Pfeffer · 1 Teel. Koriander ·

So wird's gemacht!

Das gesamte Fleisch- und Speckmaterial 4 Stunden anfrieren lassen. Hirsch-, Reh- oder Schaffleisch durch die 3-mm-Scheibe, Schweinefleisch durch die 8-mm-Scheibe drehen. Speck in kleine Würfel von 0,5 cm Kantenlänge schneiden. Gehacktes Wild- und Schweinefleisch unter Zugabe al-

1 gestr. Eßl. gemahlener Kümmel (evtl. Kaffeemühle) · 2 zerriebene Knoblauchzehen

ler Gewürze sowie des Pökelsalzes 5 Minuten vermengen. Jetzt den kleinwürfelig geschnittenen Speck zugeben und weitere 5 Minuten kneten, bis die Würfel gut eingebunden sind. Wurstmasse in kurze oder lange Naturin-R_2-Hüllen stopfen und knapp abbinden. Würste 8 Tage in einem kühlen, luftigen Raum umröten lassen, danach mehrere Tage im Kaltrauch räuchern.

Knoblauchwurst

Was brauche ich?

1500 g mageres Schweinefleisch vom Schlegel · 500 g kerniger Rückenspeck ohne Schwarte · 50 g Pökelsalz (ca. 2 gehäufte Eßl.) · 2 gestr. Eßl. weißer gemahlener Pfeffer 5 zerriebene Knoblauchzehen

So wird's gemacht!

Das angefrorene Fleisch bzw. der Speck werden durch die 4,5-mm-Scheibe gedreht. Gewürze und Pökelsalz zugeben und die Gesamtmasse ca. 10 Minuten vermengen. Entweder in Schweinedünndärme abfüllen und Würstchen von 15 cm Länge abdrehen oder in kurze oder lange Naturin-R_2-Hüllen stopfen und straff abbinden. Würste in kühlem, luftigem Raum 1 Woche umröten lassen, danach im Kaltrauch mehrmals überräuchern.

Luftgetrocknete Mettwurst

Was brauche ich?

1500 g mageres Schweinefleisch · 500 g kerniger Rückenspeck ohne Schwarte · 50 g Pökelsalz (ca. 2 stark gehäufte Eßl.) · 2 gestr. Teel. weißer, gemahlener Pfeffer · 1 Teel. ganze, weiße Pfefferkörner

So wird's gemacht!

Das stark ausgekühlte Schweinefleisch durch die 4,5-, Speck durch die 8-mm-Scheibe drehen. Gewürze und Pökelsalz auf gehacktes Fleisch-Speck-Gemisch streuen und alles ca. 10 Minuten durcharbeiten. Wurstmasse unter Einsatz des engen Füllaufsatzes in Schweinedünndärme füllen und auf 15–20 cm Länge abdrehen. Wurstkette 14 Tage an einen kühlen, luftigen Ort hängen.

Maxi-Salami

Was brauche ich?

800 g mageres Schweinefleisch vom Schlegel · 800 g mageres Rindfleisch von der Keule · 400 g kerniger Rückenspeck, ohne Schwarte · 60 g Pökelsalz (ca. 3 schwach gehäufte Eßl.) · 1 gestr. Eßl. weißer gemahlener Pfeffer · 1 Teel. ganze, weiße Pfefferkörner · 2 fein zerriebene Knoblauchzehen

So wird's gemacht!

Schweinefleisch, Rindfleisch und Speck 4 Stunden in die Gefriertruhe legen. Fleisch durch die 3-mm-, Speck durch die 8-mm-Scheibe drehen. Gewürze und Pökelsalz zugeben und alles ca. 10 Minuten durcharbeiten. Wurstmasse in lange Naturin-R_2-Hüllen stopfen und knapp abbinden. 14 Tage in einem kühlen Raum umröten lassen, anschließend im Kaltrauch mehrere Tage überräuchern, bis die gewünschte Farbe erreicht ist.

Mini-Salami nach Feinschmeckerart

Was brauche ich?

1000 g mageres Schweinefleisch vom Schlegel · 500 g mageres Rindfleisch von der Keule · 500 g kerniger Rückenspeck ohne Schwarte · 50 g Pökelsalz (ca. 2 gehäufte Eßl.) · 2 gestr. Eßl. weißer gemahlener Pfeffer · 2 gestr. Teel. gemahlene Muskatnuß · 1 gehäufter Teel. ganzer Kümmel · 2 zerriebene Knoblauchzehen

So wird's gemacht!

Fleisch und Speck 4 Stunden in die Gefriertruhe legen. Schweinefleisch durch die 3-mm-Scheibe, Rindfleisch und Speck durch die 8-mm-Scheibe drehen. Alle Gewürze und das Pökelsalz über die Masse geben und das Ganze 10 Minuten durchschaffen. In Schweinedünndärme füllen und auf 10 cm abdrehen. 7 Tage in kühlem, luftigem Raum abtrocknen und umröten lassen, danach mehrere Tage im Kaltrauch räuchern.

Landjäger nach Hausmacher Art

Was brauche ich?

700 g mageres Schweinefleisch 700 g mageres Rindfleisch · 500 g kerniger Rückenspeck

So wird's gemacht!

Das 4 Stunden angefrorene Fleisch bzw. den Speck durch die 4,5-mm-Scheibe drehen. Pökelsalz und Gewür-

Rohwürste: Bauersalami, Einsiedlerwurst, Maxisalami, Minisalami nach Feinschmeckerart

Verschiedene Koch-, Brüh- und Rohwürste

ohne Schwarte · 50 g Pökelsalz (ca. 2 stark gehäufte Eßl.) · 2 gestr. Eßl. weißer gemahlener Pfeffer · 1 stark gehäufter Teel. ganzer Kümmel

ze zugeben und das Ganze intensiv ca. 10 Minuten durchschaffen. Nach bekanntem Verfahren in Schweinedünndärme füllen und auf 20 cm abdrehen. Würstchen anschließend in einem kühlen Raum paarweise nebeneinander auf ein sauberes Brett legen. Die Würstchen mit einem zweiten Brett zudecken, das leicht beschwert wird. Nach 1 Tag hängt man die Wurstpaare auf einen Rauchstock und räuchert sie im Kaltrauch mehrere Tage, bis sie die typische Landjägerfarbe haben.

Feiern Sie eine Wurstparty

Ein geselliges Beisammensein, wann und wo auch immer, ist der ideale Rahmen für eine deftige, zwanglose Wurstparty.

Auch nach einer kräftezehrenden Wanderung schmeckt die selbstgemachte Grillwurst am besten. In jedem Garten, auf dem Campingplatz, bei einem Vereinsfest oder beim Gruppenausflug: Immer gibt es Appetit auf Würstchen. Eine Wurstparty könnte beispielsweise so vorbereitet werden, daß Sie als schon etwas erfahrener „Wurstexperte" eine Grillwurstspezialität herstellen, die Sie dann Ihren Gästen anbieten. Natürlich haben Sie auch ein rustikales Brot und ein gut gekühltes Bier parat (Bier schmeckt zu Grillwurst immer gut!).

Für die Kleinen veranstalten Sie ein „Wurstschnappspiel" mit extra kurz abgedrehten Kinderwürstchen. Dies macht den Kindern einen Riesenspaß und ist ein einmaliges Erlebnis für sie.

Haben Sie Bekannte, die wie Sie dem Wursthobby frönen, kann die Party auch unter das Motto gestellt werden: „Wer ist der beste Wurstmacher?", oder auch: „Großer Wurstwettbewerb". Jeder der Gäste bringt eine selbst hergestellte Wurst mit. Die „beste Wurst" wird prämiiert, und der Sieger erhält einen Preis. Wenn man bedenkt, daß der individuellen Würzung keine Grenzen gesetzt sind, können viele Geschmacksvarianten immer wieder für Abwechslung sorgen. Der eigenen Phantasie ist mit diesem neuen Hobby ein breites Betätigungsfeld geboten. Nach der Devise: „Jedem seine Extrawurst" bringt es viel Freude und Spaß.

Der gemeinsame Fleischeinkauf von Freunden und Bekannten kann der Anfang einer „rauschenden Wurstparty" sein.

Und noch etwas: Wurst aus eigener Produktion ist auch ein sehr originelles Geschenk, das bestimmt mit Freuden angenommen wird. Gerade heute wird der Ruf nach „deftiger Hausmannskost" überall geäußert. Mit einer „Extrawurst" können Sie immer und überall den Vogel abschießen.

Zum guten Schluß noch ein heißer „Geheimtip" für „fortgeschrittene Grillfreunde" und „Würzspezialisten". Grillen Sie doch mal „Überraschungswürstchen". Dafür benötigen Sie eine gut gesäuberte Injektionsspritze (vom Arzt) sowie die eigentlichen „Injektionen". Bei der Wahl der Injektionen haben Sie viele Möglichkeiten. Sie können Madeira, Sherry, Weißwein, Korn, Cognac, Whisky oder jede Art von Obstbranntweinen nehmen. Beliebige Grillwürstchen werden unmittelbar vor dem Grillen „geimpft“. Natürlich vorsichtig und in kleinen Dosen. Der eigenen Phantasie sind auch hier keine Grenzen gesetzt.

Auch können die fertig gegrillten Würste mit diversen Gewürzsoßen bestrichen werden, ganz nach Geschmack. Die Würste werden so zu einem lukullischen Genuß. Guten Appetit!

Notizen

Notizen

Notizen

Notizen